MARCO ⊕ POLO

USA Südstaaten
New Orleans

Reisen mit Insider Tipps

KANADA

Washington
Oregon
Idaho
Montana
North Dakota
South Dakota
Minne-sota
Wyoming
Nebraska
Nevada
Utah
Colorado
Kalifornien
USA
Kansas
Los Angeles
Arizona
New Mexico
Oklahoma
Texas
Wisconsin
Iowa
Illinois
Missouri
Michigan
Chicago
Ohio
Indiana
Kentucky
Tennessee
Arkansas
Alabama
Mississippi
Louisiana
Houston
New Orleans
Pennsylvania
New York
New Jersey
Washington
Virginia
North Carolina
South Carolina
Georgia
Florida
Maine
Südstaaten
ATLAN-TISCHER OZEAN
BAHAMAS
Miami
PAZIFISCHER OZEAN
MEXIKO
Golf von Mexiko

Diesen Reiseführer schrieben Ole Helmhausen, Nordamerikakorrespondent aller großen deutschen Tageszeitungen und Magazine, und Michael Schwelien, ehemaliger USA-Korrespondent der Wochenzeitung »Die Zeit«.

www.marcopolo.de

Infos zu den beliebtesten Reisezielen im Internet, siehe auch Seite 110

SYMBOLE

 MARCO POLO INSIDER-TIPPS:
Von unseren Autoren für Sie entdeckt

★ **MARCO POLO HIGHLIGHTS:**
Alles, was Sie in den Südstaaten kennen sollten

 HIER HABEN SIE EINE SCHÖNE AUSSICHT

 **WO SIE JUNGE LEUTE TREFFEN**

PREISKATEGORIEN

Hotels		Restaurants	
€€€	über 120 Euro	€€€	über 40 Euro
€€	70–120 Euro	€€	25–40 Euro
€	unter 70 Euro	€	unter 25 Euro

Die Preise gelten für zwei Personen im Doppelzimmer mit Frühstück.

Die Preise gelten für ein Abendessen mit Suppe oder Vorspeise, Hauptgericht und Dessert.

KARTEN

[120 A1] Seitenzahlen und Koordinaten für den Reiseatlas USA-Südstaaten

[U A1] Koordinaten für die Karte New Orleans im hinteren Umschlag

Karten zu Atlanta, Charleston und dem Great Smoky Moutains National Park finden Sie auf Seite 126/127.

Zu Ihrer Orientierung sind auch die Orte mit Koordinaten versehen, die nicht im Reiseatlas eingetragen sind.

GUT ZU WISSEN

INHALT

Die wichtigsten
MARCO POLO Highlights

Sehenswürdigkeiten, Orte und Erlebnisse, die Sie nicht verpassen sollten

 Great Smoky Mountains National Park
Die Besuchermassen hinter sich lassen, den Rucksack schultern und auf gut präparierten Wanderwegen zu unvergesslichen Aussichten hiken (Seite 31)

 Fort Sumter National Monument
Ein amerikanisches Monument macht verständlich, was es mit Nord und Süd auf sich hat (Seite 35)

 Chattooga River
Mit großen Gummiflößen durch tiefe Schluchten sausen – und dabei so richtig nass werden (Seite 39)

 Outer Banks
Strandspaziergänge im pastellfarbenen Nachmittagslicht und der fotogenste Leuchtturm der Ostküste (Seite 39)

 Martin Luther King jr. National Historic Site
An einem Wochenendgottesdienst in der Ebenezer Baptist Church teilnehmen und den Spirit des schwarzen Atlanta spüren (Seite 45)

 Morris Museum of Art
In Augusta wird die Darstellung der schwarzen Amerikaner in der Kunst des Südens dokumentiert (Seite 49)

Art-déco in Miami Beach

Behold Monument in Atlanta

 Key West
Am südlichsten Punkt der Vereinigten Staaten geht die Sonne besonders spektakulär unter (Seite 50)

 Miami
Schlendern Sie in einer lauen Sommernacht durch den Art Deco District (Seite 52)

 Disney World
Disney World in Orlando, the one and only ... (Seite 56)

 Savannah
Viele historische Plätze zum Pausemachen und Leutegucken (Seite 58)

 Graceland
Kitschig, schrill, abgefahren und trotzdem ein Muss: die Bleibe und letzte Ruhestätte des King of Rock and Roll in Memphis (Seite 70)

 Country Music Hall of Fame
Das Haus in Nashville ist der Schlüssel zur Psyche des weißen Amerika (Seite 74)

Palmen am Strand von Key West

 Annie Miller's Son's Swamp & Marsh Tours
Mit Alligator Annie's Sohn durch die Sümpfe Louisianas schippern und Riesenechsen füttern (Seite 83)

 Mardi Gras & Jazz Museum
Das Museum bietet New Orleans hochkonzentriert im Schnelldurchgang (Seite 88)

 Bourbon Street
Nicht totzukriegen: die legendäre Jazzmeile im French Quarter in New Orleans (Seite 89)

★ *Die Highlights sind in der Karte auf dem hinteren Umschlag eingetragen*

Entdecken Sie die Südstaaten der USA!

Nicht ganz vom Winde verweht:
Streifzüge durch den Alten und den Neuen Süden

Was ist bloß aus Scarlett O'Hara geworden? »A pickup truck is her limousine, and her favorite dress is her faded blue jeans«, besingt Country-Megastar Garth Brooks die *southern belle* von heute. Das verwöhnte Biest aus »Vom Winde verweht« würde sich, hätte es wirklich gelebt, im Grab umdrehen: Die modernen Schwestern haben mit ihr nichts mehr gemein. Sie sind mobil und haben ihr Korsett gegen Schlabberklamotten eingetauscht. Sie sind finanziell unabhängig und bei Wahlen eine umworbene Zielgruppe. Sie wohnen nicht mehr in herrschaftlichen Plantagenhäusern mit Säulen und Eichenalleen davor und heiraten auch nicht mehr den Nachbarsjungen, mit dem sie aufgewachsen sind. Erst kommt der Spaß. Und zwar in verwaschenen Jeans und *pickup trucks*. In diesem Outfit fahren sie zum Surfen nach Cape Hatteras. Oder zum Mardi Gras nach New Orleans.

Times have changed: Seit er den Bürgerkrieg verlor, erlebt der Süden einen bis heute anhaltenden Wandel. Klischees und Stereotype, die

Strandleben in Florida

in der Vergangenheit zugetroffen haben mögen, werden den Reisenden daher entweder nicht oder in abgeschwächter Form begegnen. Beispielsweise hat sich das von der unseligen Vergangenheit belastete Verhältnis zwischen Weiß und Schwarz zwar noch nicht normalisiert, aber doch weit gehend entschärft. Und Georgia und die Carolinas, lange von Schwindsucht geplagt, erleben heute einen Zuzug junger Fachkräfte aus anderen Teilen der USA. Damit ist der moderne *southerner* nicht länger nur weiß oder schwarz und immer protestantisch, er kann ebenso gut asiatischer oder hispanischer Herkunft sein, einen Tempel besuchen oder auf den Papst in Rom hören.

Auch die schwitzenden und langsam denkenden Forrest-Gump-Typen stammen eher aus Holly-

Palmen vor weißer
Prachtvilla in Charleston

Geschichtstabelle

1492 Christoph Kolumbus entdeckt Amerika

1607 Die Virginia Company gründet am James River die erste permanente Kolonie Nordamerikas

1775–83 Der Unmut über die Benachteiligung durch das englische Mutterland entlädt sich im Unabhängigkeitskrieg

4. 7. 1776 Mit der Unabhängigkeitserklärung (Declaration of Independence) trennen sich die 13 Kolonien auch formell von London. Zu den Unterzeichnern gehören Georgia und die Carolinas

1789 George Washington wird erster Präsident der USA

1803 Louisiana Purchase: Für 15 Mio. Dollar kaufen die USA das vom Golf von Mexiko bis Kanada reichende »Louisiana Territory« von Frankreich

1860/61 Der Sklavereigegner Abraham Lincoln wird Präsident. Ende 1860 verlässt South Carolina die Union. Wenig später folgen Florida, Georgia, Mississippi, Texas, Alabama und Louisiana und rufen die Konföderierten Staaten von Amerika aus

1861–65 Civil War: Die Eroberung von Fort Sumter in Charleston (South Carolina) durch konföderierte Truppen löst den blutigsten Krieg auf US-Boden aus.

1865 ergibt sich der Rest der Südstaatenarmeen. Politisch benachteiligt und wirtschaftlich gebeutelt, steht der Süden erst Ende des 20. Jhs. wieder auf eigenen Füßen

1961 Die Wahl John F. Kennedys zum US-Präsidenten beschleunigt die Rassenintegration im Süden

1968 Ermordung des Bürgerrechtlers Martin Luther King jr. in Memphis (Tennessee)

1988 Nationalkongress der Demokraten erstmals seit dem Bürgerkrieg im Süden (Atlanta)

1993 Mit Bill Clinton (Arkansas) und Al Gore (Tennessee) erstmals zwei Südstaatler in den beiden höchsten Ämtern des Landes

1996 Olympische Sommerspiele in Atlanta

2000 Präsidentschaftswahlen: Florida Secretary of State Katherine Harris verbietet die Nachzählung der Stimmen in einigen Wahlbezirken und entscheidet das Kopf-an-Kopf-Rennen der Kandidaten Gore und Bush zu Gunsten ihres Parteifreunds Bush

Herbst 2004 Der mit moralischethischen Stereotypen geführte Wahlkampf polarisiert die Nation in ein konservatives Red (Süden, Mittlerer Westen) und ein liberales Blue America (Küsten)

wood. Amerikas Old South hat zu Mainstream-Amerika mit seinen Malls und Starbuck-Cafés aufgeschlossen. Verabschiedet von der Vergangenheit hat er sich jedoch nicht. Er ist nach wie vor der viel besungene, alte Charmeur.

Savannah, Charleston und New Orleans stehen weiterhin für Eleganz und klassische Südstaatenidylle. Aus den Kneipen im French Quarter quillt noch immer Dixieland und Cajunmusik. Die *southern mansions,* jene herrlichen Großgrundbesitzerhäuser, von denen aus die alte Südstaatenaristokratie einst über ein Heer von Sklaven herrschte, locken weiterhin »Vom Winde verweht«-Romantiker. Und über allem liegt noch immer jene schwüle, vom Duft der Magnolien und Hibisken geschwängerte Hitze, in der Norman Jewison 1967 sein Whodunit »In der Hitze der Nacht« ansiedelte. Unvergessen die Szene, in der Redneck-Sheriff Gillespie (Rod Steiger) den Vornamen seines Partners Virgil Tibbs (Sidney Poitier) als ungewöhnlich für »Niggerboys« bezeichnet und sich gehässig bei Tibbs erkundigt, wie man ihn daheim in Philadelphia nenne. Dessen Retourkutsche kommt postwendend: »They call me Mr. Tibbs!«

French Quarter in New Orleans

Seit 1967 sind die Schatten der Vergangenheit – Sklaverei, Ku-Klux-Klan und Rassentrennung – noch kürzer geworden. In Luft aufgelöst haben sie sich nicht. In Atlanta, der Metropole des »Neuen Südens«, werden schwarze Kids beim Einkaufen weiterhin nach ihrer ID gefragt. Erst am 22. Mai 2002 endete in Birmingham, Alabama, der Prozess gegen den letzten der Bombenleger von 1963. Bobby Frank Cherry hatte damals mitgeholfen, eine schwarze Kirche in die Luft zu jagen. Dabei waren vier kleine Mädchen getötet worden. Cherry erhielt lebenslänglich – nach einer Prozessdauer von 39 Jahren.

Die Schatten der Vergangenheit sind kürzer geworden

Zugleich hat der Süden bemerkenswerte Erfolge auf der Habenseite. Wahlen hievten schwarze Politiker auf Gouverneurs-, Bürgermeister- und Richterposten. Schwarze Frauen wurden Polizeipräsidentinnen und Senatorinnen. Und in Miamis South Beach District eröffnete ein schwarzer Immobilienkaufmann namens R. Donohue Peebles im Sommer 2002 das erste ausschließlich mit »schwarzem« Geld finanzierte Luxushotel der Nation: Die 400-Zimmer-Herberge Royal Palm Crowne Plaza kostete fast 90 Mio. Dollar.

Der Abschied von der Vergangenheit begann 1865, im Jahr der Niederlage der Südstaaten, die sich 1860/61 von der Union losgesagt und die Konföderation der Vereinigten Staaten ausgerufen hatten. Streitpunkt war u. a. die Sklaverei gewesen. Der industrialisierte Norden hatte sich gegen sie ausgesprochen, die agrarischen Südstaaten, deren gesamter Way of Life auf der Arbeit ihrer in den Baumwoll- und Tabakfeldern schuftenden Sklaven basierte, dafür. Vier Jahre und 700 000 Gefallene später lag der einst stolze Süden in Schutt und Asche. Die Zeit der rauschenden Bälle war vorüber. Aus und vorbei war auch die Zeit maßgeblicher Mitsprache in Washington. Bis Abraham Lincoln hatte der Süden jede Menge Präsidenten gestellt – von Lincoln bis Lyndon B. Johnson dagegen nur einen einzigen.

Isoliert und impotent, erlebte er den nach Kriegsende hereinbrechenden Wandel in zwei großen Wellen. Die erste hieß *reconstruction* und suchte eine ganze Gesellschaft quasi über Nacht umzukrempeln: Die Beziehungen zwischen Herren und Sklaven, Klassen und Rassen, Bürger und Staat wurden neu definiert – ein traumatischer Prozess, der Gleichberechtigung forderte, letztlich aber den alten Paternalismus in offenen Rassismus umschlagen ließ, die wirtschaftliche Gesundung lähmte und die Rassentrennung im Süden mit Hilfe der berüchtigten Jim-Crow-Gesetze zementierte. Die zweite hieß *civil rights movement.* Sie begann 1954 mit dem Beschluss des US Supreme Court, die Rassentrennung an öffentlichen Schulen aufzuheben. Die Südstaaten waren dagegen und erlebten bis 1965, dem Jahr der Einführung des Wahlrechts für Schwarze, Protestmärsche, Sit-Ins und, oft blutige, Demonstrationen. Aber die starben, darunter der Führer der Bürgerrechtsbewegung, Martin Luther King Jr., starben nicht umsonst: Wurden 1965 noch ganze 300 Schwarze landesweit in öffentliche Ämter gewählt, waren es 2002 bereits über 3000 allein im Süden. Damit ist der New South, ein erstmals in den 1880er-Jahren geprägtes Schlagwort, so nah wie nie davor, Realität zu werden.

Die Besucher können von alledem nur profitieren: Die Vielfalt des Südens ist schlechthin überwältigend. Die meisten Dialekte der USA sind hier zu Hause, vor allem jener legendäre *southern drawl,* der so zähflüssig ist wie Melasse. Der ethnische Mix reicht von den von afrikanischen Sklaven abstammenden Gullah auf den Barrier Islands bis zu den noch immer französisch sprechenden Cajuns, den Nachfahren akadischer Siedler aus Neu-Schottland. Bluegrass, Blues und Dixieland, Rock and Roll, Southern Rock und Country Music traten von Memphis, Nashville und New Orleans aus ihre Siegeszüge an. Hier gibt es die höchsten Berge des Ostens, die schönsten botanischen Gärten und die besten Strände der

> **Die meisten Dialekte der USA sind hier zu Hause**

Nation – und die schärfsten Kontraste. Hier das CNN- und Coca-Cola-Hauptquartier Atlanta, dort die klassische *front porch* mit Schaukelstuhl und Fliegengitter. Hier Cape Canaveral und das US Space Center von Huntsville, dort religiöser Fundamentalismus und Aberglaube jeglicher Art. Hier Disney World, dort weltvergessene Naturschönheiten. Längst hat der Süden wieder bedeutende Schriftsteller: William Faulkner, Katherine Anne Porter, Tennessee Williams, Eudora Welty, Flannery O'Connor. Zuletzt gelesen: Thomas Wolfe, dessen »Ein ganzer Kerl« ein zeitgenössisches Gemälde Atlantas ist.

Was sonst ist noch übrig vom Alten Süden? Anders als der erfolgsorientierte Yankee, der sich zuerst nach dem Beruf und dem College erkundigt, das man besucht hat, beginnt der *southerner* ein Gespräch gern mit der Frage nach der Kirche.

> **Was ist noch übrig vom Alten Süden?**

»Who's your mama?« lautet die Gesprächseröffnung im stammbaumverrückten Louisiana. Auch die altmodische Ritterlichkeit der Südstaatler hat den Wandel überdauert. Herren halten Damen die Tür auf und helfen ihnen in die Mäntel – die Yankees, sagen sie, kriegten das erst in teuren Benimmkursen eingebleut. Südstaatler lächeln mehr und halten auf dem Bürgersteig Augenkontakt – was in New York bereits als sexuelle Nötigung gedeutet wird. Endlich ist da auch noch die legendäre *southern hospitality*. Südstaatler haben immer Zeit für ein Schwätzchen und Lust auf einen netten Abend mit Barbecue und scharf gewürzter *southern cuisine*. Einladungen zu solchen »Cook-Outs« sollten Sie unbedingt annehmen. Nur eines gilt es zu bedenken: Dies ist Coca-Cola-Land. Wer da eine Pepsi bestellt, erntet Stirnrunzeln.

Go Swamp: Auch Sumpflandschaften machen den Alten Süden aus

Von Antebellum bis Yankee

**Steckbrief des Südens:
Gesellschaft, Kultur und Subkultur**

Antebellum

Häufig zu lesender Begriff (lat. »vor dem Krieg«) für die Blütezeit der Südstaaten während der ersten Hälfte des 19. Jhs. Alabama, Georgia, Mississippi, Louisiana und die Carolinas lebten fast ausschließlich von Tabak und Baumwolle. Sklavenarbeit schuf die Basis für eine aristokratisch geprägte, Pracht liebende Pflanzerkultur, die mit den herrlichen *southern mansions* ihre eindrucksvollste Visitenkarte hinterlassen hat. Später half Hollywood mit Filmen wie »Vom Winde verweht« (1937) der Mythenbildung nach: Die Südstaatlerinnen waren fortan entweder kokette *southern belles* oder traurig-tragische Heilige, während die Herren ungestüme Hitzköpfe oder willensschwache Idealisten gaben. Den Schwarzen überließ Hollywood die Rolle der loyalen, gehorsamen Sklaven.

Bible Belt

»God is like alka seltzer – he's such a relief«. Die Kirchen des Südens buhlen mit einfallsreichen Slogans am Straßenrand um Schäflein. Die sind für das Allheilmittel namens

In Miami steht dieses Apartmenthaus mit Palme

Gott durchaus empfänglich: Im so genannten Bible Belt (Bibelgürtel), der sich von Lynchburg im Süden Virginias aus in südwestlicher Richtung quer durch den Süden zieht, gehört der Kirchgang am Sonntag ebenso zum Alltag wie die Sonntagsschule. Zeichen für Reisende, dass sie sich im Land der Frommen befinden: Das Autoradio bringt verstärkt *Christian Rock* mit frommen Texten und Predigten beliebter Evangelisten. So weit geht mitunter die Bibeltreue, dass 200 Jahre Naturwissenschaften verneint werden und im Schulunterricht neben der Evolutionstheorie die Genesis auf dem Lehrplan steht. Themen wie Abtreibung und vorehelicher Sex gelten hiesigen Politikern als Karrierekiller. Allerdings, selbst in *God's own country* ist nicht alles in Ordnung: Der Bible Belt weist nach dem Scheidungsparadies Nevada die höchste Scheidungsrate der USA auf. Experten machen nicht nur das niedrigere Durchschnittseinkommen im Süden und die Neigung zu früher Heirat dafür verantwortlich, sondern auch die Religion. Danach werde der Bible Belt von protestantischen Fundamentalisten beherrscht, die zwar das heilige Sakrament der Ehe predigten, zugleich jedoch, anders als die im Norden stärkere katholische Kirche, geschiedene Gläubige nicht durch scheidungsfeindliche Rhetorik entfremden. Vielleicht ist es aber auch nur die von solch strengem Regime angestachelte Lust an der Sünde. Allseits zu beobachten: Ihrer Coke Bourbon beimischende Studenten bei Footballspielen und sich am Strand dem Cholesterinrausch hingebende Großfamilien.

Civil Rights Movement

In den 1950er-Jahren wurde die amerikanische Gesellschaft von einem seit dem Ende des Bürgerkriegs vertagten Problem eingeholt: der Gleichstellung der Rassen. 1863 hatte Präsident Abraham Lincoln die Sklaven in den Südstaaten für frei erklärt, aber die berüchtigten Jim-Crow-Gesetze, von mehreren Südstaaten erlassene, restriktive Verordnungen, bewirkten alsbald deren neuerliche Entrechtung. 1896 zementierte der Supreme Court die illegale, aber tagtäglich praktizierte Rassentrennung im öffentlichen Leben mit der Formel *separate but equal*. Im Alltag sorgten der Ku-Klux-Klan, aber auch einfache Bürger durch Einschüchterung und Terror für ihre Durchsetzung. Das Jahr 1954 markierte die Wende. Am 17. Mai beschloss der Supreme Court die Aufhebung der Rassentrennung an allen öffentlichen Schulen. Viele Schulen jedoch missachteten den Spruch: 1960 hatten erst 765 der 6676 Schulbezirke im Süden die Rassentrennung aufgehoben. Am 1. Dezember 1955 wurde in Montgomery (Alabama) Rosa Parks verhaftet, weil sie sich geweigert hatte, ihren Platz im Bus für einen Weißen zu räumen. Der folgende Boykott aller rassistischen Busgesellschaften gilt als Beginn der Bürgerrechtsbewegung.

Hurrikans

Die Indianer nannten sie *Huracan*. Bis heute sind die Hurrikans die Geißel der Karibik. Von Juni bis November, während der *hurricane season*, halten sie Florida und die Karibik in Atem. Mit Drehgeschwindigkeiten bis zu 300 km/h fegen diese Wirbelstürme dann über Inseln und Städte und hinterlassen eine Spur der Verwüstung. 2004 ging als besonders schlimmes Hurrikanjahr in die Annalen ein: Die dicht aufeinander folgenden Wirbelstürme *Charley, Frances* und *Ivan* und *Jeanne* töteten in der Karibik mehrere Dutzend Menschen, veranlassten in Florida 3 Mio. Menschen zur Flucht und verursachten dort anschließend Schäden in Milliardenhöhe. Die Aussicht, während des Floridaaufenthalts von einem Hurrikan überrascht zu werden, ist jedoch höchst gering. Das amerikanische Vorwarnsystem funktioniert ausgezeichnet, und – im Falle eines Falles – Evakuierungsrouten sind vorbildlich ausgeschildert.

Jim Crow Laws

Von den 1880er- bis in die 1960er-Jahre setzten nicht nur in den Südstaaten, sondern u. a. auch in North Dakota und Wyoming die Jim-Crow-Gesetze die Rassentrennung durch. Benannt nach einer Figur in den damals populären Minstrel Shows (Gesang- und Tanzdarbietungen fahrender afroamerikanischer Künstler), sahen sie Strafen für jeden vor, der mit Personen anderer Hautfarbe verkehrte. Am wei-

Denkmale, die an den Sezessionskrieg erinnern, gibt es an vielen Orten

testen verbreitet waren das Heirats-
verbot zwischen den Rassen und
Rassenschranken in öffentlichen
Einrichtungen und Geschäften.

Ku-Klux-Klan (KKK)

Lichterloh brennende Kreuze, ver-
ängstigte schwarze Familien, berit-
tene Kapuzenmänner: Die rassisti-
sche Geheimorganisation Ku-Klux-
Klan war lange das Kreuz des Südens. Konföderierte Veteranen, ver-
ärgert über die Befreiung und
Gleichstellung der Schwarzen,
gründeten den KKK nach Kriegsende in Pulaski (Tennessee). Seine
Mitglieder bedrohten, terrorisierten
und ermordeten Schwarze und ihre
weißen Sympathisanten mit dem
Ziel, die USA weiß zu halten. Hie-
rarchisch organisiert, stand an der
Spitze des so genannten *Invisible
Empire* der *Grand Wizard,* oft ein

einflussreicher Vertreter der weißen
Oberschicht. Seine Blütezeit erlebte
der KKK in den 1920er-Jahren: Die
Depression ließ seine Mitglieder-
zahl auf 3 Mio. klettern. Juden, Katholiken und Einwanderer gerieten
ebenfalls in sein Visier. Vorüberge-
hend verstummt, erlebte der Klan
nach dem Zweiten Weltkrieg eine
Renaissance: Angesichts der Bürgerrechtsbewegung benutzte er, inzwischen in mehrere Gruppen ge-
spalten, vor allem in Mississippi
und Alabama einmal mehr Terror,
Brandstiftung und Mord, um seine
Vision eines weißen Amerika zu
verteidigen. Trauriger Höhepunkt:
Die Ermordung dreier Bürgerrecht-
ler in Mississippi und das Bomben-
attentat auf eine Kirche in Birmingham (Alabama). Viele Rädelsführer
wanderten damals hinter Gitter.
Heute hat der Klan seine Taktik ge-

ändert: Statt Krawalle anzuzetteln, verbreiten seine Mitglieder die White-Power-Botschaft nun als seriöse Geschäftsleute und Politiker und via Internet.

Mint Julep

Der Longdrink des Südens! Die Zutaten: 1 cl Zuckersirup, 5 cl Bourbon Whiskey, 12 cl Eiswasser und frische Minze. Die Minzzweige und den Zuckersirup in einem Longdrinkglas gut ausdrücken, damit das Minzaroma freigesetzt wird. Das Glas mit zerstampftem Eis füllen, den Bourbon dazugeben und umrühren. Einen Zweig frische Minze in das Glas stellen.

New South

Oft zu hörendes Schlagwort, das die Wiederauferstehung des Südens beschreibt. Erstmals während der Phase der *reconstruction* nach dem Bürgerkrieg benutzt, kommt er 140 Jahre später in die Nähe seiner ursprünglichen Vision. Politisch und wirschaftlich mischt er in Washington und New York wieder mit. Die Präsidenten der letzten Jahrzehnte – Jimmy Carter, Bill Clinton, beide Bushs – stammen aus dem Süden. Die modernen Skylines von Atlanta, Charlotte und Raleigh signalisieren Fortschrittlichkeit: Tabak, Baumwolle und Landwirtschaft sind nicht länger die einzigen Devisenbringer, die Wirtschaft hat erfolgreich diversifiziert und besitzt vor allem in Georgia eine boomende verarbeitende Industrie. Florida gilt als Urlauberparadies schlechthin. Nur umweltpolitisch hinkt der Süden noch hinterher: Weder das Waldsterben in den Appalachen noch die Armada Chemikalien transportierender Containerschiffe vor den Küsten konnte bislang genug politischen Druck auf die Verantwortlichen erzeugen.

Redneck

Ursprünglich die Bezeichnung für den armen Weißen des ländlichen Südens, dem besonders die Städter der weltoffenen Ostküste Unwissenheit, Rückständigkeit und einen latenten Hang zur Gewalttätigkeit unterstellten. Woher die Bezeichnung stammt, ist umstritten, doch hat sie bereits um 1900 einen negativen, rassistischen Beigeschmack. Die modernen Rednecks dagegen weisen jede Verbindung zum Rassismus entschieden von sich. Proletarier sind sie indes geblieben, und darauf sind sie stolz. Mit anderen Exemplaren dieser Spezies teilen sie die Vorliebe für Country Music, Dosenbier, Kautabak, Angeln und

Südstaatenfeeling: familiäre Musiksession auf der front porch

Jagen, Cowboystiefel, Jeans und *pickup trucks.* Und sie heißen Billy-Bob oder Bobby-Jack und leben mindestens zwei Meilen von der nächsten asphaltierten Straße entfernt: Die im Süden kursierenden Redneckwitze sind Legion *(www.ahajokes.com).*

Steel Magnolia

Liebe- und respektvolle Bezeichnung für das neue Idealbild der Frauen im Süden. Als »Magnolie aus Stahl« sind sie kultiviert, anmutig und gebildet, besitzen zugleich aber auch einen eisernen Willen. Sie hängen nicht länger als hübsche, aber naiv-beschränkte *southern belles* am Arm ihres Kavaliers, sondern haben eigene Vorstellungen von ihrer Zukunft. Hoch angesehene Steel Magnolias: die Countrysängerin und knallharte Geschäftsfrau Dolly Parton aus Tennessee und die frühere First Lady Rosalynn Carter aus Georgia, die als Beraterin ihres Manns Jimmy die Politik der USA entscheidend mitgestaltete.

Yankee

Im Süden häufig zu hörende Bezeichnung für jeden, der aus dem Norden – sprich: der alten Union – stammt. In der Regel abgrenzend, mitleidvoll und/oder abschätzig benutzt. Ein typischer Yankee, sagen die Südstaatler, hat keine Manieren, versteht nichts von Frauen, denkt nur an Geld und seine Arbeit und ist schlicht und einfach ein Langweiler. Wo die Bezeichnung ihren Ursprung hat, darüber gibt es so viele Theorien wie Kneipen in New Orleans. Die meistzitierte Ansicht: Der Begriff stammt von den Holländern in New York, die im 17. Jh. ihre englischen Siedlerkollegen in Connecticut als »Jan Kaas« bezeichneten.

Okra, Shrimps und Barbecue

Dass Amerikaner nicht kochen können, ist ein Gerücht – im Süden toben sie sich so richtig aus

Unterwegs im Süden befällt einen mitunter geografische Amnesie: In Miami sprechen die Südstaatler meistens Spanisch und in Louisiana auch mal Französisch. Auf den Barrier Islands vor South Carolina wird sogar Gullah gesprochen, ein Idiom, das dem Lingo in Sierra Leone näher steht als dem Amerikanischen. Aber keine Sorge: Sie sind noch immer in Amerika, Sie brauchen sich nur ein wenig umzuschauen. Denn der Süden hat nicht zuletzt auch kulinarisch zum Rest des Landes aufgeschlossen. Die Schnellrestaurants der Fastfoodketten wuchern selbst im hintersten Winkel der Appalachen. Auch die Family Restaurants, erkennbar an ihren unübersehbar am Straßenrand angebrachten 5.99-$-Preisen, haben nur eine Mission: den Hunger preiswert zu bekämpfen. Steaks, Sandwiches, Hamburger, *chicken* und Pizza, dazu *french fries* und Salate mit *french, blue cheese* oder *thousand islands dressing:* Schon bald verlangt der betäubte Gaumen nach Abwechslung. Dass die Fahrt durch den Süden nicht zur Cholesterinorgie gerät, dafür sorgen die regionalen Küchen, vereint unter der Bezeichnung *southern cuisine.*

Lowland cuisine und soul food

Im Lowcountry, dem Küstentiefland um Charleston, haben tropische Temperaturen, afrikanische Einflüsse sowie Reis und Meeresfrüchte im Überfluss die *lowland cuisine* hervorgebracht. Diese verwendet Hummer, Krabben und Shrimps, kocht, dämpft und dünstet sie und gibt Zwiebeln, Erbsen und Tomaten dazu. Gewürzt wird am liebsten mit Basilikum, Knoblauch, Cayennepfeffer und Tabasco. Die farbenfrohen Namen der Gerichte stammen oft von den Gullah, die als einzige Afroamerikaner die Erinnerung an den Schwarzen Kontinent wach halten konnten.

Verfeinerte Lowcountry-Gerichte begegnen einem inzwischen überall im Süden. Im Trend liegt auch *soul food.* Was genau das ist, darüber streiten die Experten. Angeblich reichen die Ursprünge bis in die Zeit zurück, als der weißen Gesellschaft nur das Beste serviert wurde, die schwarzen Sklaven sich hingegen mit den Abfällen begnügen mussten. Der Begriff *soul food* tauchte in den 1960er-Jahren in

Foodbar in Miami

Südstaaten-Spezialitäten

Lassen Sie sich diese Köstlichkeiten gut schmecken!

Speisen

Andouille – scharfe Wurst aus Schinken und Knoblauch

Barbecue Shrimp – in der Schale gebackene Garnelen, gegessen mit Butter-Knoblauch-Sauce

Boudin – hausgemachte Wurst aus gewürztem Schweinefleisch, Reis, Kräutern und Zwiebeln

Cajun Popcorn – gebratene und panierte Garnelen oder Krebse

Crawfish Étouffée – gekochte Flusskrebse, angemacht mit Thymian, Tabasco, Cayenne Pfeffer, Sellerie. Serviert mit schwerer Sauce auf Tomatengrundlage. Statt Flusskrebs auch Schweinefleisch (Pork Chop Étouffée)

Fried Grits – Auflauf aus Hafergrütze, veredelt mit allem, was sich gerade in Reichweite befindet

Frogmore Stew – zünftiger Eintopf mit Rauchendchen, Bacon, Shrimps und Mais. Ein Klassiker des Lowcountry

Gumbo – herzhafte Reissuppe. Zahllose Variationen, u. a. mit Rindfleisch, Huhn, Wels, *boudin* und *andouille*

Hoppin' John – einfaches Reis- und Erbsengericht, einst eine Hauptspeise der Sklaven, heute variiert mit Bacon und Paprika

Jambalaya – Verwandte der spanischen Paella, aber mit Zutaten der einheimischen Küche angereichert

Limpin' Susan – pikantere Verwandte von Hoppin' John, mit Okra, Knoblauch und Cayennepfeffer zubereitet

Lobster Savannah – überbackener Hummer in Sherrysauce. High-End-Produkt der hiesigen Küche

Po-Boy – Baguettesandwich, einst das Essen des armen Mannes *(poor boy)*. Mit allem belegt, was Louisiana hergibt. Oft erstaunlich luxuriöse Sandwiches

Purloo – Eintopf aus Reis, Huhn und/oder Wild, meist mit Okra, Zwiebeln, Knoblauch, Thymian und Tomaten zubereitet

Getränke

Hand Grenade – Klassiker im French Quarter: 1 Teil Tequila, 3 Teile Johannisbeersaft, *crushed ice*

Hurricane Punch – beliebt im French Quarter von New Orleans: Weißer Rum, Bacardi, Orangensaft, ungesüßter Ananassaft, Grenadine, *crushed ice*

den Städten auf. Ähnlich wie in der Soulmusik sollte sich auch in ihrem Essen die Seele der Schwarzen widerspiegeln. Vielen ist das allerdings zu kompliziert. Für sie entsteht Soul Food einfach immer dann, wenn mehr Liebe als Geld vorhanden ist und aus der Not eine Tugend gemacht wird.

Höhepunkte im tiefsten Süden
Hinsichtlich der Vielfalt bleiben zwei regionale Küchen ungeschlagen: *creole* und *cajun.* Beide entstanden in und um New Orleans, der alten Hafenstadt im Mississippidelta, wo Spanier, Franzosen, akadische Flüchtlinge und Sklaven aus Afrika und der Karibik ihre Spuren hinterließen. Die *creole cuisine* begann als Küche der städtischen Oberschicht, die traditionell aus französischen Aristokraten bestand. Die *cajun cuisine* hingegen wurde in den Sümpfen von den aus Nova Scotia (Neu-Schottland) stammenden *Acadiens* (später Cajuns) kreiert. Beide sprachen Französisch, doch in der Küche trennten sie Welten – und das ist bis heute so geblieben. Präsentiert sich die kreolische Küche mit raffinierten Delikatessen wie Rockefelleraustern und Shrimpremoulade, wartet die Cajunküche mit gewürzten Würsten, Reisplatten, Fleisch-, Fisch- und Suppeneintöpfen auf.

All-American Cuisine
Zur *southern* gesellt sich die *ethnic cuisine,* schließlich sind die USA das klassische Einwandererland. Keine Stadt ohne Sushi-Bar, kein Flecken ohne guten Italiener, Mexikaner oder Chinesen. Und was ist mit der amerikanischen Küche? Sie hat Steaks und *baked potatoes* mit *sour creme* hinter sich gelassen und schockiert den Gast aus Europa mit weitläufigen Salatbüfetts, die sogar gegrillten Barsch und blanchierten Brokkoli anbieten. Selbst in der ur-amerikanischen Cholesterinbastion namens Breakfast hat sie aufgeräumt: So gibt es neben Omeletts, Pancakes, Würstchen, Spiegeleiern mit Bacon und Bratkartoffeln nun auch Müsli, Cornflakes und Joghurt. Und immer öfter sogar richtigen Kaffee!

Auch an der zweiten, bislang besonders von Deutschen mit Häme überzogenen Droge wurde gearbeitet: Das amerikanische Dünnbier dominiert zwar noch, doch kann man inzwischen auf immer mehr hervorragende *micro breweries* zurückgreifen, die hin und wieder sogar nach dem deutschen Reinheitsgebot brauen. Einheimische Weine kommen meist aus Kalifornien und sind längst über jeden Zweifel erhaben.

Rules rule
Bevor Sie sich auf kulinarische Lustreisen begeben, sollten Sie sich kurz die Gepflogenheiten in amerikanischen Restaurants in Erinnerung rufen. So stürmt man nicht auf einen Tisch zu, sondern wartet am Eingang brav auf die Hostess, die einen zum Tisch geleitet. *Wait to be seated* heißt das. Es verhindert das ungemütliche Gerenne zwischen den Tischen und teilt den auf Trinkgelder angewiesenen Kellnern die gleiche Anzahl Gäste zu. Die in der Speisekarte genannten Preise gelten vor Steuern. Hinzu kommen noch einmal 25 Prozent an *taxes* (Steuern) und *tip* (Trinkgeld). Für letzteres berechnet man 15 Prozent vor Steuern.

Schöner shoppen

**Die amerikanische Mall ist für Reisende
mehr als nur eine Gelegenheit einzukaufen**

Shop 'til you drop, Einkaufen bis zum Umfallen: Das uramerikanische Leitmotiv vom Shopping bis zum bitteren Ende gilt selbst im Land, das den Supermarkt erfand, nicht mehr ohne Einschränkungen. Auch die Amerikaner haben begonnen zu rechnen – und zu sparen. Selbst ihr heiliger Tempel, die überdachte Shopping Mall, muss inzwischen um Gläubige kämpfen. Diese zieht es nämlich verstärkt zurück in die revitalisierten Innenstädte, wo sie in persönlicherer Atmosphäre einkaufen können. Allerdings wäre Amerika nicht die Wiege des freien Unternehmertums, hätte es nicht schon längst auf diese Entwicklungen reagiert. Trendscouts schwärmten aus, und Trendforscher kamen zu dem Ergebnis: Shopping ist die beliebteste Freizeitbeschäftigung, deshalb wollen die Menschen schöner shoppen.

Die klassische, am Rand von Großstädten gelegene Shopping Mall investierte nun stärker in ein konsumfreundlicheres Ambiente: Wasserspiele, Grünanlagen mit Bänken und Coffee Shops sowie Streichelzoos und komplette Vergnügungsparks nahmen dem Kommerz den Stachel. Die Malls von Miami sind in dieser Hinsicht Attraktionen an sich: Sogar Architekturstudenten lassen sich hier inspirieren. Atlantas Malls machen die Metropole sogar zum Einkaufszentrum des gesamten Südens.

Wo Kosmetik nicht half, wurden ganze Viertel in Shopping Districts verwandelt. So mutierte das noble Mountain Brook Village in Birmingham (Alabama) in ein nicht minder edles Biotop für anspruchsvolle Shopper. Schönste Beispiele für Shopping in historisch gewachsenem Ambiente sind Savannah und New Orleans. In Savannah zogen junge Boutiquen in alte Gemäuer ein, das French Quarter in New Orleans, schon immer prallvoll mit Spezialgeschäften, wurde ausgestattet mit Department Stores und Malls in Fußgängerentfernung. Und die Besucher staunen: So entspannt haben sie selten die Kreditkarte strapaziert.

Welche Käufe sich lohnen? Nach wie vor Elektroartikel, aber sie müssen auf europäische Spannung umschaltbar sein. CDs sind preiswerter als in Europa, Jeans, Sportschuhe und Freizeitkleidung oft ebenfalls. Das schönste Mitbringsel ist aber wohl etwas anderes: Dies ist der Alte Süden, und da wimmelt es nur so von hochwertigen Antiquitätenläden.

*In den Arkaden der Worth Avenue
in Palm Beach liegen Designerläden
und Luxusgeschäfte und animieren
zum Geldausgeben*

Feste, Events und mehr

Der Weg zur Seele des Alten Südens führt über seine Feste

Der liebe Gott meinte es gut mit den Südstaatlern: Sie dürfen so richtig über die Stränge schlagen. Während der Rest des (meist protestantischen) Landes sich bei Rodeos und Country Fairs, den traditionellen Festivitäten Amerikas,

Antebellumfest im Süden

bestenfalls amüsiert, verwandelt der Karneval in den katholischen Hochburgen New Orleans und Miami ganze Viertel alljährlich in brodelnde Hexenkessel. Mit

Bluegrass, Blues, Jazz und Cajun feiert sich der Süden zudem auf Hunderten von Musikveranstaltungen.

Offizielle Feiertage

1. Januar *New Year's Day (Neujahr);* **3. Montag im Januar** *Martin Luther King jr. Day;* **3. Montag im Februar** *President's Day;* **Letzter Montag im Mai** *Memorial Day;* **4. Juli** *Independence Day;* **1. Montag im September** *Labor Day;* **2. Montag im Oktober** *Columbus Day;* **11. November** *Veterans Day;* **4. Donnerstag im November** *Thanksgiving;* **24/25. Dezember** *Christmas Eve and Day*

Feste

Januar
Das *Grand American Coon Hunt* in Orangeburg (South Carolina) zeigt Amerikas beste Jagdhunde bei der Waschbärenjagd.
In Miami bildet das achttägige *Orange Bowl Festival* mit Paraden und Konzerten den Höhepunkt der Footballsaison.

Februar
Black History Month im gesamten Süden, mit Openairkonzerten, Gedenk- und Theaterveranstaltungen; *Daytona 500,* das legendäre Stockcar-Rennen in Daytona

Vierte Woche: ⭐ *Mardi Gras*
in New Orleans, berühmtester
Karneval in Nordamerika.
Bunte Mardi-Gras-Events auch
in Mobile, Biloxi und Natchez

März
Zweite bis dritte Woche: In
Greensboro (North Carolina)
spielen 400 »echte« Rebellen
und Engländer die Schlacht
von Guilford Courthouse nach.
Dritte Woche: Amerikaner irischer
Abstammung feiern in Savannah
einen der größten *St.-Patrick's-Day-
Umzüge* in den USA.

April
Vierte Woche: Cajun Music total
auf dem *Festival International de la
Louisiane* in Lafayette

April/Mai
Jazz, Blues, Rock auf dem *New
Orleans Jazz and Heritage Festival*

Mai/Juni
Internationales Meeting der
Drachenflieger beim *Hang Gliding
Spectacular* in Nags Head (South
Carolina);
Spoleto Festival USA in Charleston,
eines der größten Theaterfestivals
der Welt

Juni
Mitte Juni: Zur *International Country
Music Fair* treffen sich die Top Acts
des Genres in Nashville, Tennessee.

August
Erste bis vierte Woche: Bluegrass
und Folk aus allen Teilen der USA
auf dem *Mountain Dance and Folk
Festival* in Asheville;
Mitte August: Stelldichein der Rock-
and-Roll-Legenden während der
Elvis International Tribute Week in
Memphis

September
Erste Woche: In Plaisance
(Louisiana) feiern die schwarzen
Cajuns auf dem *Zydeco Music
Festival* ihre Kultur.

Oktober
Viele Gemeinden feiern das
deutsche *Oktoberfest* mit
»Oompah Music«.

Dezember
Christmas in den Subtropen als
farbenfrohes Spektakel mit
Plastiktannenbäumen und
Kunstschnee. Highlights sind das
⭐ *Creole Christmas* in New Orleans
und das ⭐ *Festival of Lights* in
Natchitoches (Louisiana).

Mardi Gras in New Orleans

In der Wiege des Südens

Wilde und leere Atlantikstrände, die Anhöhen der Appalachen und der richtige Old South

In einer Hinsicht sind die Carolinas sehr unamerikanisch: Mit 80 000 km^2 und 4,1 Mio. Einwohnern (South Carolina) bzw. 136 000 km^2 und 8,4 Mio. Einwohnern (North Carolina) haben sie europäische Maße. In allem anderen sind sie umso amerikanischer. Es gibt romantische Antebellumstädte wie Charleston, die »Grande Dame« des Alten Südens, wo Alteingesessene es unschicklich finden, dass die in Savannah so schamlos touristischen Nutzen aus dem Clint-Eastwood-Film »Mitternacht im Garten von Gut und Böse« ziehen. Es gibt stocknüchterne Banken- und Hightechzentren wie Raleigh und Spartanburg, deren einzige raison d'être die Profitmaximierung ist. Es gibt mehr Baumarten in den Blue Ridge und Smoky Mountains als in Europa, und in manch einem entlegenen Tal wird Schwarzbrennerei schon so lange betrieben, dass viele Sheriffs nichts mehr dabei finden. Auf den Inseln der Outer Banks finden gestresste Großstädter stets ein paar Hundert Meter Strand für sich allein. Myrtle Beach dagegen ist Disneyland am

Pastellfarbene Strandhäuser in North Carolina

Spanisches Moos als Baumschmuck

Meer, und die *Grand Strand* genannte Küste von hier bis fast nach Georgetown ist zu einem einzigen Baderesort zusammengewachsen. Im Beaufort County südlich von Charleston wiederum lebt es sich noch so langsam wie im Kinohit »Forrest Gump«, der gerade deswegen hier gedreht wurde: Weiße Krabbenfischerboote gleiten durch seegrasbedeckte Priele aufs Meer hinaus, Familien beschließen den Tag in Schaukelstühlen unter Magnolienbäumen.

Während des Antebellums erlebten die Carolinas ihre Blütezeit. Die arbeitsintensive, auf Sklavenarbeit basierende Plantagenwirtschaft boomte. In South Carolina stellten Sklaven über die Hälfte der Bevölkerung, in North Carolina war es ein Drittel. Die indianische Urbevölkerung spielte zu diesem Zeit-

Cherokee in der Indian Reservation

AIKEN

[122 C3] Märchenhafte Golfplätze, Parks und viel Geld hinter eisernen Toren: Das alte »Sports Centre of the South« ist noch immer exklusiv. Nach dem Bürgerkrieg wurde Aiken (26 000 Ew.), das 1835 als Sommerfrische wohlhabender Charlestonians begann, von pferdesportverrückten New Yorkern entdeckt. Opulente Residenzen mit bis zu 90 Zimmern, *cottages* genannt, wurden gebaut und Polofelder angelegt. Bis heute ziehen die hiesigen Gestüte die Preisträger des legendären Kentucky Derby heran. Höhepunkt des Jahres: die Pferderennen im Rahmen der *Aiken Triple Crown* Anfang März.

SEHENSWERTES

Thoroughbred Racing Hall of Fame

Untergebracht in einem der zum Iselin-Estate gehörenden Gebäude, ist die Racing Hall of Fame ein Schrein für Pferdenarren. Sulkies, Pokale, Champions in Öl und andere Memorabilia erinnern an die schönsten Momente aus 120 Jahren Pferderennsport. *Hopeland Gardens, Dupree Place/Whiskey Road, Sept.–Mai Di–So, Juni–Aug. nur Sa/So 14–17 Uhr, Eintritt frei*

ESSEN & TRINKEN

Track Kitchen

Dises Lokal ist angeblich ein »best place to meet a millionaire«: Es gibt viel Fleisch vom Grill, dazu Jockeys und Gestütbesitzer. *420 Mead Avenue, Tel. 803/641 96 28, kein Ruhetag, €€*

punkt schon keine Rolle mehr. Die Cherokee traf es als letzte. Immer mehr gerieten sie mit den landhungrigen USA über Kreuz, bis Washington 1835 die Ausweisung der letzten 15 000 dieses Stammes anordnete. Auf dem berüchtigten »Trail of Tears« nach Oklahoma kamen Tausende ums Leben.

Seit den 1960er-Jahren wirbt South Carolina mit günstigem Investitionsklima erfolgreich um ausländische Industriebetriebe. BMW hat den Ruf gehört: In Greenville-Spartanburg baut der Autohersteller den Z 3 Roadster. In North Carolina siedelten sich viele internationale Unternehmen an. Die verarmten Rückzugsgebiete in den Appalachen setzen dagegen verstärkt auf den Tourismus.

ÜBERNACHTEN

Willcox Inn
Stilecht schlummern, wo Churchill und Elizabeth Arden schliefen. *30 Zi., 100 Colleton Avenue, Tel. 803/648 18 98, Fax 643 09 71, www.thewillcox.com, €€€*

AUSKUNFT

Aiken Chamber of Commerce
121 Richland Avenue East, Tel. 803/641 11 11, www.aikenchamber.net

ASHEVILLE

[122 B2] Die Kleinstadt (70 000 Ew.) zu Füßen der Blue Ridge und Great Smoky Mountains bezaubert mit einer der höchsten Konzentrationen von Art-déco-Häusern im Land und besticht mit sonst nur in San Francisco oder Key West anzutreffender Toleranz: Appalachen-Hinterwäldler verkehren hier mit Großstadtneurotikern aus Manhattan, die größte Lesbengemeinde der USA fühlt sich hier so wohl wie Künstler und Lebenskünstler aus dem ganzen Land.

SEHENSWERTES

Das kompakte Stadtzentrum ist gut zu den Füßen. Architekturstudenten nehmen hier Anschauungsunterricht: Was Ashevilles Reichen in Europa imponierte, hier ist es vertreten. Schönste Beispiele sind das neoklassizistische *Flat Iron Building (Battery Park Avenue),* die im spanischen Barock errichtete, rotziegelige *Basilica of St. Lawrence (97 Haywood Street)* und die für den Art-déco-Stil in ungewöhnlichen Blau- und Gelbtönen gehaltene, frühere *S&W Cafeteria (Patton Avenue/Haywood Street).*

Biltmore Estate
Mehr als 1000 Menschen arbeiteten fünf Jahre lang an diesem Mega-Projekt. 1895 konnte Cornelius Vanderbilt einziehen. Mit über 250 Zimmern ist Biltmore Estate ein

MARCO POLO Highlights »North & South Carolina«

★ **Fort Sumter National Monument**
Hier fielen die ersten Schüsse des Bürgerkriegs (Seite 35)

★ **Charleston**
Gut erhalten ist die ehemalige Stadt der Plantagenbesitzer in South Carolina (Seite 34)

★ **Chattooga River**
Wilde Wasser und tiefe Schluchten (Seite 39)

★ **Outer Banks**
Einsame Inseln vor der Küste North Carolinas (Seite 39)

★ **Great Smoky Mountains National Park**
Die Berglandschaft des blauen Rauchs (Seite 31)

von der französischen Renaissance inspiriertes Chateau. *I-40, Exit 50, www.biltmore.com, Jan.–März tgl. 9–16 Uhr, Eintritt $ 39*

MUSEUM

Pack Place Education Arts and Science Center

Der moderne Bau beherbergt vier interessante Museen. Das Asheville Art Museum zeigt zeitgenössische Künstler. Das Colburn Gem & Mineral Museum macht mit der Mineralogie North Carolinas bekannt. Im Health Adventure unternehmen Sie eine Reise durch den menschlichen Körper, während sich das YMI Cultural Center afroamerikanischer Kunst widmet. *2 South Pack Square, www.packplace.org, Di–Sa 10–17, So 13–17 Uhr, Eintritt $ 5 bzw. $ 6 pro Museum*

ESSEN & TRINKEN

Bistro 1896

Hübsche kleine Essstube, innovative Geflügel- und Fischgerichte. *7 Pack Square, Tel. 828/251 13 00, kein Ruhetag, €*

Grove Arcade Public Market

Historische Markthalle von 1929, neu eröffnet mit Restaurants, Cafés, Mikrobrauereien und Kunsthandwerksläden. *1 Page Avenue, Mo–Sa 10–18 Uhr, Restaurants länger*

Jack of the Wood & The Laughing Seed Café

Zwei Etagen, ein Besitzer: Jack's bietet britische Pubatmosphäre und Livemusik, das Laughing Seed raffinierte vegetarische Küche. *95 Patton Avenue, Tel. 828/252 54 45, kein Ruhetag, €*

ÜBERNACHTEN

Asheville hat Unterkünfte für jeden Geldbeutel. Die meisten der preiswerten Herbergen liegen an der Merrimon Avenue nördlich vom Stadtzentrum.

Days Inn Patton Avenue

Sauber und preiswert, im Stadtzentrum gelegen. *92 Zi., 120 Patton Avenue, Tel. 828/254 96 61, Fax 652 03 16, €*

Richmond Hill Inn

Schlafen in viktorianischen Himmelbetten, dinieren im experimentierfreudigen Restaurant Gabrielle's. *36 Zi., 87 Richmond Hill Drive, Tel. 828/252 73 13, Fax 252 87 26, www.richmondhillinn.com, €€€*

AM ABEND

The Grey Eagle Tavern & Music Hall

Hier spielen die Lokalmatadore. *185 Clingman Avenue, Tel. 828/232 58 00, www.greyeaglemusic.com*

AUSKUNFT

Asheville Convention and Visitors Bureau

151 Haywood Street, Tel. 828/258 61 01, www.exploreasheville.com

ZIELE IN DER UMGEBUNG

Chimney Rock

40 km südöstlich von Asheville liegt der Chimney Rock Park. Von der Spitze des Namensgebers, einer 85 m hohen Felsnadel, genießen Sie einen Panoramablick über die

Great Smoky Mountains National Park: Den »Rauch« gibt es wirklich

Blue Ridge Mountains. Ein hübscher Trail führt zu den nahen, 133 m hohen *Hickory Nut Falls.*

Great Smoky Mountains
National Park   [122 B2]

 **Karte auf
Seite 126/127**

★ Der berühmte blaue Dunst entsteht, wenn auf den zu 90 Prozent bewaldeten Nationalpark fallender Regen verdampft und sich mit den von der üppigen Vegetation produzierten Naturölen und Sekreten vermischt. Das jeweils zur Hälfte in North Carolina und Tennessee liegende Wildnisgebiet ist 2000 km^2 groß und mit jährlich 10 Mio. Besuchern der populärste Nationalpark der USA. Seine zum ältesten Gebirge Nordamerikas gehörenden Gipfel ragen über 2000 m empor, seine Lage zwischen zwei Klimazonen produziert eine ungewöhnlich artenreiche Flora mit 1500 Pflanzen- und 125 Baumarten. Von den 60 im Park lebenden Säugetierarten sind die Schwarzbären die berühmtesten – und scheuesten. Auf Campingplätzen gedankenlos liegengelassene Lebensmittel können sie jedoch zu unberechenbaren Problembären machen. Den Verhaltensratschlägen der Parkranger ist daher unbedingt Folge zu leisten.

Als einzige Straße durchquert der Highway 441, von Osten kommend, den Park. Kurz vor dem Eingang bei Gatlinburg (Tennessee) zweigt zudem die Little River Road nach Cades Cove ab. Der halb verlassene Weiler ist dank seiner autofreien Wege bei Radlern beliebt. Über 1300 km markierte Wanderwege durchziehen den Park, die Trailheads liegen meist bei den Parkplätzen. Der *Appalachian Trail,* Amerikas legendärer Fernwanderweg von Georgia nach Québec, halbiert den Park der Länge nach. Für mehrtägige Hikingtouren benötigt man ein – kostenloses – *back-*

country permit, erhältlich in den Visitor Centers in Oconaluftee und Sugar Lands, beide am Highway 441. Von Mitte Mai bis September wird es eng hier, Reservierungen sind dann obligatorisch, für Zeltplätze genauso wie für die einzige Lodge im Park, *Le Conte Lodge,* eine rustikale Herberge mit Cabins auf dem Gipfel des Mount Le Conte, *Tel. 865/429 57 04, Fax 774 00 45, www.leconte-lodge. com, €–€€.* Sie ist nur zu Fuß auf dem 7 km langem Trail vom Highway 441 aus erreichbar und ein Jahr im Voraus zu buchen. Auf dem Weg in den Park liegt, beiderseits des Blue Ridge Parkway, die *Cherokee Indian Reservation* mit dem Hauptort Cherokee.

Zu den beliebtesten Wanderzielen gehören der bereits in Tennessee liegende *Clingman's Dome,* mit 2025 m der höchste Gipfel der Great Smokies, der *Mount Le Conte* und unterwegs dorthin der *Ahem Cave Trail,* der durch *Laurel's Hell* führt, ein baumloses, von undurchdringlichem Lorbeer- und Rhododendrongestrüpp bedecktes Gebiet. Auskunft: *Great Smoky Mountains National Park, 107 Headquarters Road, Gatlinburg, TN 37738, Tel. 865/436 12 00, www. nps.gov/grsm, Backcountry Info Tel. 436 12 97*

BEAUFORT

[122 C4] Selbst größere Nachbargemeinden nennen sie »Queen of the Sea Islands«: Die Geschichte hat es gut gemeint mit Beaufort (13 500 Ew.). Vom Bürgerkrieg verschont geblieben, präsentiert sich der historische Stadtkern wie zu Zeiten des Antebellum, mit herrschaftlichen *southern mansions,* Palmen und moosbehangenen Eichen. Das Blau der Beaufort Bay stets vor Augen, ist das ruhige Städtchen von 1711 die ideale Basis für die Erforschung der Umgebung.

SEHENSWERTES

Weitläufige Veranden und knorrige, Schatten spendende Bäume: Der Gang durch das historische Viertel *Old Point* vermittelt einen Eindruck von der Zeit, als Cotton König war. Im *Beaufort Arsenal Museum, 713 Craven Street, Mo/Di und Do–Sa 10–17 Uhr, Eintritt $ 3,* einem festungsartigen Bau im neogothischen Stil, wurde diese Periode eingefroren. Der schönste Ort für einen romantischen Abendspaziergang ist der *Chambers Waterfront Park.*

ESSEN & TRINKEN ÜBERNACHTEN

Beaufort Inn and Restaurant
Vielgiebeliger Inn mit zweigeschossiger Veranda, zentral. *21 Zi., 809 Port Republic Street, Tel. 843/ 521 90 00, Fax 521 95 00, www. beaufortinn.com, €€€*

Rhett House Inn
Elegante Pflanzerresidenz im Greek Revival Style, zentral. *18 Zi., 1009 Craven Street, Tel. 843/524 90 30, Fax 524 13 10, www.rhetthouse inn.com, €€€*

AUSKUNFT

Greater Beaufort Chamber of Commerce
1106 Carteret Street, Tel. 843/ 524 31 63, www.beaufortsc.org

Netze der Krabbenfischer im Hafen von Beaufort

ZIELE IN DER UMGEBUNG

In der Hitze backende Fischerdörfer. Land und Meer und schwerer Blütenduft. Bis in die 1950er-Jahre schien Amerika die mit Reis und Baumwolle groß gewordene Gegend des Lowcountry vergessen zu haben. Den Gullah, Nachfahren afrikanischer Sklaven, half die Isolation bei der Bewahrung ihrer eher afrikanischen als amerikanischen Sprache und Lebensweise. Inzwischen haben exklusive Resorts die Strände unter sich aufgeteilt. Die Gemütlichkeit ist der Region dennoch nicht abhanden gekommen.

Erst vom Wasser aus erschließt sich das Lowcountry in seiner ganzen Schönheit. Bootstouren führen durch die artenreichen Feuchtgebiete im ACE Basin und zu historischen Plantagenhäusern. Sümpfe und Marschen lassen sich auch per Kanu und Kajak erkunden.

Hilton Head [122 C4]

Eines der populärsten Ferienresorts der Ostküste, knapp 50 km südöstlich von Beaufort. Dutzende Golfplätze und private Feriensiedlungen bestimmen das Bild des zu den rund 80 der Küste vorgelagerten *Sea Islands* zählenden Hilton Head. Die Hotels liegen meist am Südzipfel der Insel, hinzu kommen Malls, Marinas und ungezählte Minigolfplätze. Auskunft: *Hilton Head Welcome Center, 100 William Hilton Parkway, Tel. 1800/523 33 73, gleich neben der Brücke*

Hunting Island State Park [122 C4]

Insider Tipp

Ein 5 km langer Sandstrand und ein subtropischer Dschungel sind die Hauptgründe für den Abstecher hierher. Hunting Island 15 km südöstlich von Beaufort zeigt, wie die Sea Islands »vor dem Sündenfall« aussahen. Ein 6,4 km langer Plankenweg führt mitten durch, ein anderer erschließt eine von exotischen Vogelarten belebte Marsch. Den besten Überblick haben Sie von der Spitze des 1859 errichteten *Hunting Island Lighthouse, tgl. 10–17 Uhr, Eintritt $ 2.*

St. Helena Island   **[122 C4]**

Die größte der Sea Islands 25 km von Beaufort entfernt ist noch immer ländlich geprägt. Einst schufteten Sklaven hier auf Reis- und Baumwollplantagen. Die meisten der rund 9000 Insulaner sind ihre direkten Nachfahren und nennen sich »Gullah«. Durch die Insellage isoliert, konnten sie viele Sitten und Gebräuche ihrer aus Westafrika stammenden Ahnen bewahren. Heute gelten sie als die authentischste afroamerikanische Gruppe der USA. *Insider Tipp* Sehenswert ist das Penn Center, *www.penncenter.com.* Das Kulturzentrum ist das inoffizielle Hauptquartier der Gullah-Kultur. Es begann 1862 als erste Schule für befreite Sklaven. In den 1950er-Jahren plante Martin Luther King jr. hier Demonstrationen und Sit-Ins. Bis heute ist es eine Fortbildungsstätte. Das angeschlossene *York W. Bailey Museum, Mo–Sa 11–16 Uhr, Eintritt $ 4,* informiert über die Gullah, ihre Sprache und Volkskunst.

CHARLESTON

Karte auf Seite 126

[123 D4] ★ Allein die Lage spricht für die legendäre *southern belle.* Nach Myrtle Beach und Savannah sind es jeweils anderthalb Autostunden. Alt-Charleston selbst ist eine Zeitmaschine. Piratenüberfällen, Bürgerkrieg und Hurrikans zum Trotz versprüht die 100 000-Einwohner-Stadt noch immer Südstaa-

---

Jenseits von Amerika

Die Gullah-Kultur ist vom Aussterben bedroht

Können Sie etwas mit »beat on ayun« anfangen? Oder mit »sho ded« und »i han shaht pay-shun«? Ein »beat on ayun« (beat-on-iron) ist ein Mechaniker, ein »sho ded« (sure dead) ist ein Friedhof, und »i han shaht pay-shun« (His hand is short of patience) bedeutet »er stiehlt«. Im Beaufort-Distrikt sprechen noch rund 9000 Afroamerikaner dieses Idiom. Gullah basiert auf dem elisabethanischen Englisch, die Aussprache hingegen ist weitgehend afrikanisch. Angeblich ist der Name eine Verballhornung von Angola. Die Vorfahren der Gullah kamen zwischen dem 17. und frühen 19. Jh. aus West- und Zentralafrika. Auf den Plantagen der vorgelagerten Sea Islands arbeiteten sie, vom Festland isoliert, auch nach der Sklavenbefreiung in Eigenregie weiter und retteten so ihre Traditionen in die Gegenwart. Heute gelten die Gullah als die »afrikanischste« Gruppe schwarzer Amerikaner in den USA.

tencharme. Selten findet man in Amerika so viel Geschichte auf so engem Raum: In der nur 10 km^2 großen Altstadt stehen immer noch 1500 historische Gebäude! 1670 gegründet, war Charleston um 1750 bereits die größte Hafenstadt südlich von Philadelphia und Hauptstadt der Kolonie.

SEHENSWERTES

Denmark Vesey House

Kleines, weißes Holzhaus im Schatten alter Bäume. Bis 1822 lebte hier der Handwerker Denmark Vesey, ein Sklave aus der Karibik, der sich mit einem Lotteriegewinn freigekauft hatte. 1822 plante er einen Aufstand, der die 6000 Sklaven der Stadt befreien und nach Haiti bringen sollte. Zwei schwarze Lakaien verrieten die bevorstehende Revolte jedoch. Vesey und 34 weitere Verschwörer wurden gefasst und öffentlich gehenkt. *56 Bull Street*

Drayton Hall

Die bis 1742 erbaute Residenz, einst Mittelpunkt der Draytonplantage am Ashley River, blieb im Bürgerkrieg als einziges der Plantagenhäuser Charlestons unversehrt. Ungeschminkt und ungeliftet, präsentiert sie sich dem Besucher so, wie sie einst von den Draytons verlassen wurde. *3380 Ashley Road, 21 km nordwestlich von Charleston, tgl. 9.30–16 Uhr, Eintritt $ 12*

Edmonston-Alston House

1825 von dem Kaufmann Charles Edmonston gebaut, ist dieses Haus ein gelungenes Beispiel für den eleganten Greek-Revival-Stil. Die Einrichtung besteht aus zeitgenössischem Mobiliar, die Bibliothek blieb fast unversehrt. Vom zweiten Stock aus beobachtete Südstaatengeneral Beauregard die Bombardierung von Fort Sumter. *21 East Battery, Di–Sa 10–16.30, So/Mo 13.30–16.30 Uhr, Eintritt $ 10*

Fort Sumter National Monument

★ Kaum war das 1829 auf einer künstlichen Insel begonnene Fort 1860 fertig, kam die Feuertaufe. Am 12. April 1861 fielen hier die ersten Schüsse des Bürgerkriegs: Konföderierte Soldaten bombardierten das Fort vom Ufer aus. Die darin stationierten Unionssoldaten ergaben sich tags darauf. Von 1863 bis 1865 widerstanden die neuen Besatzer der Belagerung durch Unionstruppen. Bootstouren mit Hafenbesichtigung zu saisonal wechselnden Zeiten bietet *Fort Sumter Tours, Charleston City Marina, 17 Lockwood Boulevard, Tel. 843/881 73 37, Dauer 2 Std. 15 Min., Fahrpreis $ 12, tgl. 10–17.30 Uhr*

French Huguenot Church

Schon Ende des 17. Jhs. waren viele in Frankreich verfolgte Hugenotten nach Charleston gekommen. Am Cooper River gründeten sie große Plantagen. In Booten fuhren sie stromabwärts nach Charleston zum Gottesdienst, der von 1845 an in dieser reich dekorierten, im neogotischen Stil errichteten Kirche stattfand. Das Innere und die Fenster blieben unversehrt. Bis heute feiert hier die einzige kalvinistische Gemeinde der USA die Messe. *136 Church Street*

Heyward-Washington House

Die 1772 vollendete Residenz ist eine der ältesten der Stadt. Sie gehörte Thomas Heyward, einem Unterzeichner der Unabhängigkeitserklärung. Sehr schön: das zeitgenössische Mobiliar, darunter die in Charleston hergestellten Mahagonischränke. *87 Church Street, Mo–Sa 10–17, So 13–17 Uhr, Eintritt $ 8*

Nathaniel Russell House
Um 1808 für den im Reis- und Indigohandel reich gewordenen Nathaniel Russell im Federal Style gebaut. Eine elegante Ornamentierung und besonders die drei Etagen verbindende, frei schwebende Spiraltreppe machen das Nathaniel Russell House zu einem der schönsten Federal-Style-Häuser im Süden. *51 Meeting Street, Mo–Sa 10–17, So 14–17 Uhr, Eintritt $ 8*

Old Exchange & Provost Dungeon
1767 als Warenlager und Zollgebäude am Hafen gebaut, sah das große Haus mit den palladianischen Fenstern viele Episoden amerikanischer Geschichte. In den Kerkergewölben darunter saßen Gesetzlose und berüchtigte Piraten ein. Spannend inszeniert, ist dies vor allem ein Ziel für Familien. *122 East Bay Street, tgl. 9–17 Uhr, Eintritt $ 7*

MUSEEN

Charleston Museum
Untergebracht in einem hässlichen Nutzbau, beherbergt das bereits 1773 gegründete Stadtmuseum historische und indianische Artefakte. Besonders sehenswert ist ein Modell der »Hunley«, des ersten U-Boots der Welt, das im Bürgerkrieg gegen Unionsschiffe eingesetzt wurde. Das Original wird zurzeit restauriert, kann aber an Wochenenden besichtigt werden. *360 Meeting Street, www.charleston museum.org, Mo–Sa 9–17, So 13 bis 17 Uhr, Eintritt $ 9*

Charleston, Saxofonspieler vor historischer Kulisse

Old Slave Mart Museum

Die Türen dieses Hauses sind dunkelblau: Mitglieder der Gullahgemeinde verwenden diese Farbe zur Abwehr böser Geister. Hier ist das am leichtesten einzusehen. Hinter den Türen dieses 1859 gebauten Hauses mit dem hangarähnlichen Tor wurden Sklaven versteigert. *6 Chalmers Street, tgl. 8.30–17 Uhr*

ESSEN & TRINKEN

82 Queen

Vielfach ausgezeichnetes Restaurant mit tropischem Garten. *Lowcountry cuisine* mit innovativem Touch. *82 Queen Street, Tel. 843/ 723 75 91, kein Ruhetag, €–€€*

Tristan

Urbane Eleganz mit Pianospieler und lebhafter Bar. Neue amerikanische Küche, Spezialität: *crab cakes,* dazu Dutzende Weinsorten. *55 South Market Street, Tel. 843/ 534 21 55, kein Ruhetag, €€€*

EINKAUFEN

Charleston ist eine gute Adresse für Antiquitäten und ungewöhnliche Kunstobjekte. Während der *Thomas Elfe Workshop, 54 Queen Street,* sonst schwer zu findende Dekorgegenstände anbietet, hält *One of a Kind, 164 Church Street,* die Werke von über 300 lokalen und regionalen Künstlern bereit.

ÜBERNACHTEN

B&B, Motels und historische Hotels können bei *Charleston Reservations, Tel. 1800/310 12 92, www. charlestonsfinest.com,* gebucht werden. Ganz auf historische B&B's

spezialisiert ist *Historic Charleston B&B, 60 Broad Street, Tel. 843/ 722 66 06 und 1800/743 35 83, www.historiccharlestonbedand breakfast.com.*

Kings Courtyard Inn

Antebellumatmosphäre im *historic district* Nähe City Market. *41 Zi., 198 King Street, Tel. 843/723 70 00, Fax 720 26 08, www.kings courtyardinn.com, €€–€€€*

Holiday Inn Historic District

Angenehme Basis für Schlendereien durch die Altstadt. *126 Zi., 125 Calhoun Street, Tel. 843/ 805 79 00, Fax 805 77 00, www. charlestonhotel.com, €€–€€€*

AM ABEND

Ein schöner Ort, um den Tag ausklingen zu lassen, ist das *Cumberlands, 26 Cumberland Street* mit Livemusik (Blues, Southern Rock, Jazz) und Late Night Food.

Insider Tipp

AUSKUNFT

Charleston Area Convention & Visitors Bureau

423 King Street, Tel. 843/ 853 80 00 und 1800/868 81 18, www.charlestoncvb.com

ZIEL IN DER UMGEBUNG

Myrtle Beach   [123 D3]

Wo der Rummel den – herrlichen – Strand in die Nebenrolle drängt, beginnt Myrtle Beach, etwa 100 km nordöstlich von Charleston. 20-stöckige Hotels versperren den Blick aufs Meer. Wasserparks, Golfplätze, dazu alle großen Hotelketten und Myriaden von Bars, Diskos und

Souvenirshops machen den Ort zum Ziel amerikanischer Familien. Und zur Partyzone: Jedes Frühjahr überschwemmt zum *Spring Break* eine Flut zu allem bereiter Schüler und Studenten den Ort. Das Gravitationszentrum ist der *Myrtle Beach Pavilion Amusement Park, 9th Avenue und Ocean Boulevard, tgl. März–Mai und Mitte Aug.–Sept. 18–22, sonst 13–24 Uhr, Eintritt frei, Tageskarte für alle Achterbahnfahrten $ 23,95.* Er bietet Achterbahnen, Karussells und viele andere Möglichkeiten, Geld loszuwerden. **Insider Tipp** Im neuen ==Ripley's Aquarium,== *1110 Celebrity Circle, tgl. 9–23 Uhr; Eintritt $ 16,95,* wandeln Sie in einem knapp 100 m langen, gläsernen Tunnel durch eine von Haien und Tintenfischen bewohnte Unterwasserwelt. Auskunft: *Myrtle Beach Chamber of Commerce Visitors Center, 1200 North Oak Street, Tel. 843/626 74 44, www.myrtle beachinfo.com*

COLUMBIA

[122 C3] Nur die breiten Avenuen erinnern daran, dass man einst mehr vorhatte mit dieser Stadt. Seit 1786 Hauptstadt South Carolinas, bekam Columbia, das die Sezession am lautesten gefordert hatte, den Zorn der siegreichen Unionstruppen besonders zu spüren. Anfang 1865 ließ General Sherman dieses »Hornissennest der Rebellion« niederbrennen – eine neue, moderne Stadt (117 000 Ew.) mit nur wenigen Antebellumhäusern ist das Resultat. Der Heißblütigkeit vieler Hiesiger hat das keinen Abbruch getan. Seit 1965 schlagen sie die so genannte *flag battle,* die Fahnenschlacht. Stein des Anstoßes: die alte Kriegsfahne der Konföderierten. Erst flatterte sie auf der Spitze des State House. 2000 erreichten erboste Liberale, die in ihr ein Symbol der Sklavenhalterstaaten sehen, ih-

Auch in Myrtle Beach gibt es ein Hard Rock Café

re Entfernung. Ihre Befürworter, die mit ihr die Toten des Bürgerkriegs ehren wollten, zogen sie daraufhin neben dem State House auf.

MUSEUM

South Carolina State Museum

Eines der besten State Museums der USA: Untergebracht in einem rotziegeligen Gebäude, das 1894 als erste vollelektrische Textilfabrik der Welt Furore machte, bietet es eine gut inszenierte Reise durch Archäologie, Natur und Geschichte des Staats. Besonders interessant ist die dem schwarzen Astronauten Ronald McNair gewidmete Raumfahrtausstellung. *301 Gervais Street, www.museum.state.sc.us, Di–Sa 10–17, So 13–17 Uhr, Eintritt $ 5*

ESSEN & TRINKEN

Mr. Friendly's New Southern Café

Steak und Filets Mignon, Seafood und Pasta, raffiniert gewürzt, elegant präsentiert. *2001 a Greene Street, Tel. 803/254 78 28, kein Ruhetag,* €€€

Rosewood Market & Deli

Vegetarische Gerichte aus organischem Anbau, lebhafte Kantinenatmosphäre. *2803 Rosewood Drive, Tel. 803/765 10 83, Dinner Mo–Fr 17–19.30,* €

ÜBERNACHTEN

Best Western Governor's House Hotel

Geschmackvoll eingerichtet, gegenüber vom State Capitol. *80 Zi., 1300 Main Street, Tel. 803/779 77 90,* € – €€

Clarion Town House

Einst beobachtete General Sherman von hier aus den Marsch auf Columbia. Heute ein traditionsbewusstes und preisgünstiges Businesshotel nahe Downtown. *142 Zi., 1615 Gervais Street, Tel. 803/771 76 11, Fax 252 93 47,* € – €€

AUSKUNFT

Columbia Metropolitan Conventions & Visitors Bureau

900 Assembly Street, Tel. 803/545 00 00, www.columbiacvb.com

ZIEL IN DER UMGEBUNG

Chattooga River   [122 B2]

⭐ Der Kino-Hit »Beim Sterben ist jeder der Erste« machte den Chattooga River an der Grenze zu Georgia zum Wildwasserdorado. Wo einst jedoch die ahnungslosen Bürohengste um Burt Reynolds von blutrünstigen Hinterwäldlern gejagt wurden, kann man sich heute auf einer geführten Raftingtour die tiefen Schluchten und brodelnden Wildwasser in aller Ruhe zu Gemüte führen. Ausgangspunkt für ein- und mehrtägige Raftingtrips ist *Long Creek* (South Carolina). *Anbieter: Wildwater Ltd., PO Box 309, Long Creek, SC 29658, Tel. 864/647 95 87, Fax 647 53 61, www.wildwaterrafting.com*

OUTER BANKS

[123 F1–2] ⭐ Nichts als Sandbänke – aber was für welche! Von der südlichen Grenze Virginias ziehen sie sich bis hinunter zum Cape Lookout bei Beaufort, eine 300 km lange, aber nur 1,5 km breite Kette

Outer Banks: breiter Sandstrand und Strandhäuser im Zwielicht

aus Stränden, Dünen und Feuchtgebieten mit über 400 Vogelarten. Einst ein gefürchteter Schiffsfriedhof, ist die am Ende der letzten Eiszeit entstandene Inselkette heute ein beliebter Tummelplatz der Spaßgesellschaft. Mit Ferienhäusern auf hochwassersicheren Stelzen und jeder Menge Motels und Fastfoodbuden hat sie sich vor allem im touristischen Nordteil verewigt. Alle Wassersportarten, Hochseeangeln und natürlich Schwimmen, Sonnenbaden und Faulenzen sind hier im Sommer angesagt. Den Rest des Jahres sind die gut 25 000 Insulaner überwiegend unter sich – für erholsame Strandspaziergänge die schönste Zeit des Jahres. *Bodie Island, Roanoke Island, Hatteras Island* und *Ocracoke Island* sind durch Brücken und Fähren miteinander verbunden. Der Tourismus konzentriert sich auf Bodie Island. Im Mittel- und Südteil der Outer Banks beruhigt sich der Fremdenverkehr in weitläufigen Schutzgebieten und untouristischen Fischerhäfen.

SEHENSWERTES

Cape Hatteras National Seashore [123 F2]

Das 1953 gegründete Schutzgebiet hat die Outer Banks vor dem touristischen Ausverkauf bewahrt. 112 km lang, reicht es von Roanoke Island bis nach Ocracoke Island und umfasst das *Pea Island National Wildlife Refuge* auf Hatteras Island ebenso wie das berühmte, 1999 komplett landeinwärts versetzte *Cape Hatteras Lighthouse (April–Okt. tgl. 9–17 Uhr)*, den ältesten aus Stein gebauten Leuchtturm der USA. *Highway 12*

Fort Raleigh National Historic Site [123 F1]

Was aus den 117 Männern, Frauen und Kindern wurde, die hier im Juli 1587 die erste englische Kolonie Nordamerikas bezogen, ist bis heute ein Rätsel. Ein Versorgungsschiff fand drei Jahre später nur überwachsene Erdwälle, die heute von einem Visitors Center und diversen Nachbauten umgeben sind. *Manteo, Highway 64/264, tgl. 9–17 Uhr*

Wright Brothers National Memorial

Am 17. Dezember 1903 erlebten die Dünen von Kill Devil Hills auf Bodie Island Geschichte: In den Morgenstunden machte der von Orville und Wilbur Wright konstruierte Motorsegler einen 12 Sekunden langen Hüpfer. Ein Visitors Center erinnert mit einer spannend inszenierten Ausstellung und Nachbauten des Gleiters an die beiden umtriebigen Tüftler. *Kill Devil Hills, US-158, Milepost 8, www.nps. gov/wrbr, tgl. 9–18 Uhr*

1587 Restaurant
Feinste Seafood-Küche mit Blick auf die Shallowbag Bay. *Manteo, 405 Queen Elizabeth II. Street, Tel. 252/ 473 15 87, kein Ruhetag, €*

Owen's Restaurant
In dem alten, mit Zedernschindeln gedeckten Haus in Nags Head speisen Einheimische und Auswärtige. Spezialität: Coconut Shrimps! *Highway 158, Milepost 16,5, Tel. 252/441 73 09, kein Ruhetag, €*

Duke of Dare Motor Lodge
Einfaches Motel mit Pool. *33 Zi., Roanoke Island, 100 Highway 64, Tel. 252/473 21 75, www.ego.net/ us/nc/ob/duke/index.htm, €*

Island Inn
1901 aus dem Holz eines Schiffswracks gebaute, stilvolle Herberge. *28 Zi., Ocracoke, Highway 12, Tel. 252/928 43 51, www.ocracokeislandinn.com, € – €€*

Sea Gull Motel
Am Strand gelegen, die Zimmer und Apartments sind mit Kochnischen *(kitchenettes)* ausgestattet. Pool. *45 Zi., Hatteras, Highway NC 12, Tel. 252/986 25 50, Fax 986 25 25, www.seagullhatteras. com, € – €€*

Outer Banks Chamber of Commerce
Box 1757, Kill Devil Hills, Tel. 252/441 81 44, Fax 441 03 38, www.outerbankschamber.com

Ältester steinerner Leuchtturm der USA: Cape Hatteras Lighthouse

New South und alter Charme

Modernste neue Welt und beständiger Sonnenschein in Amerikas Urlaubsgebiet Nummer eins

Welcome to Disney World

Eine Grenze haben Georgia und Florida gemeinsam, aber das war es dann auch schon. Georgia, mit über 152 000 km^2 der größte der Südstaaten, gilt, seit Margaret Mitchell hier den Welterfolg »Vom Winde verweht« schrieb, als Archetyp unter den Südstaaten. Florida hingegen wird gemeinhin mit Sonne, Strand und Disneyworld gleichgesetzt – mit allem anderen also als mit Südstaatenatmosphäre.

Georgia scheint zunächst nur aus zweierlei zu bestehen: der Hauptstadt Atlanta, in der mit über 4 Mio. Menschen die Hälfte aller Georgians lebt und die als Gravitationszentrum des dynamischen New South gilt, und dem landwirtschaftlich geprägten Rest mit allenfalls beschaulichen Städten, von denen eine besonders schön ist – und hält, was das Südstaatenklischee verspricht: Savannah. Dutzende gepflasterte Plätze, herrschaftliche Häuser mit umlaufenden Veranden und knorrige, mit Moos behängte Eichen – und eine herrlich langsame, leicht dekadente Lebensart, wo frische Mint Juleps eine nicht zu unterschätzende Rolle spielen.

Palmen am Strand von Key West, dem südlichsten Punkt Floridas

Ganz anders Florida. Gesegnet mit kilometerlangen Sandstränden und beständig warmem Klima, ist der *sunshine state* im äußersten Südosten der USA seit langem ein internationales Urlaubsziel. Alle anderen Wirtschaftszweige stehen hinter dem Tourismus zurück: Ein ungeheures Angebot an Freizeit- und Amüsierbetrieben steht bereit, um jeden Tag zu einem *fun day* zu machen. Ausführliche Informationen finden Sie im MARCO POLO Band »Florida«.

ATHENS

[122 B3] 100 000 Einwohner, davon 30 000 Studenten, plus ein vom Bürgerkrieg weithin verschontes Stadtbild aus dem Antebellum: Das reicht eigentlich schon als Be-

Das Behold Monument erinnert an Martin Luther King jr.

schreibung. Athens, 1806 rund um die fünf Jahre zuvor eröffnete University of Georgia gegründet, ist Georgias Szenetreff. Jazzclubs, Bars und Pubs, originelle Galerien und jede Menge Straßencafés verleihen dem Städtchen einen herrlich relaxten Hauch Boheme. Und Liebhaber alter Südstaatenhäuser kommen voll auf ihre Kosten: In mehreren historischen Vierteln stehen wunderschöne *southern mansions* aller im frühen 19. Jh. modisch gewesenen Stilrichtungen.

SEHENSWERTES

Die schönsten Antebellum-Häuser werden am besten auf organisierten Touren vom Welcome Center (siehe Auskunft) aus besichtigt. Highlights sind das *Taylor-Grady House* von 1845 und das *Church-Waddel-Brumby House* von 1822.

ESSEN & TRINKEN

East West Bistro
Idealer Ort für *people watching.* Die zentral gelegene Essstube besteht aus einem legeren Bistro im Erdgeschoss und einem feinen Restaurant im ersten Stock. Auf der Speisekarte steht italienisch inspirierte Küche. *351 East Broad Street, Tel. 706/546 93 78, kein Ruhetag,* €€

Last Resort Grill
Funky und gemütlich zugleich geht es hier zu. Der kunstsinnig dekorierte Grill serviert ideenreiche *southern cuisine,* mit marktfrischem Gemüse zubereitet. *184 West Clayton Street, Tel. 706/549 08 10, kein Ruhetag,* €

ÜBERNACHTEN

Magnolia Terrace Guest House
B&B in einem ruhigen Wohnviertel in der Altstadt. *8 Zi., 277 Hill Street, Tel. 706/548 38 60, Fax 369 34 39, www.bbonline.com/ga/magnoliaterrace,* €€

AM ABEND

40 Watt Club
Legendärer Nachtclub, u. a. hatte die Rockgruppe R.E.M., deren Mitglieder aus Athens stammen, hier ihre ersten Auftritte. *285 West Washington Street, www.40watt.com*

AUSKUNFT

Athens Welcome Center
Thomas Street und Doughterty Street (im Church-Waddel-Brumby House), Tel. 706/357 44 33, www.visitathensga.com

ATLANTA

 **Karte auf
Seite 127**

[122 A3] 85 000 Hotelzimmer, Hauptsitz 20 weltweit operierender Unternehmen, Olympiastadt: Atlanta, 1864 und 1917 restlos abgebrannt, ist tatkräftig, geschäftstüchtig und visionär. Schön ist Atlanta nicht. Schon beim ersten Spaziergang durch die Straßenschluchten der Downtown faszinieren vor allem zwei Dinge: Die kompromisslose Wertschätzung von Erfolg und Profit und der Umstand, dass man ohne Taxi nicht weit kommt. Beim Landeanflug ist zu sehen, was die Stadt (4,5 Mio. Ew.) ausmacht. Ringe gesichtsloser Vorstädte mit Reihen um Reihen genormter Fertighäuser liegen in der grün-braunen Landschaft, und mittendrin schlägt ein Herz aus Stahl, Glas und Beton, eine futuristische, Stalagmiten nicht unähnliche Hochhauslandschaft.

Das Atlanta Margaret Mitchells ist längst Geschichte.

SEHENSWERTES

CNN Center
Ultramoderner Büro- und Hotelkomplex mit den CNN-Studios unweit dem Centennial Olympic Park. *Marietta Street/Techwood Drive, www.cnn.com, stündliche Führungen durch die Senderäume (Dauer 45 Min.) tgl. 9–17 Uhr, Eintritt $ 10*

**Martin Luther King jr.
National Historic Site**
★ Archiv, Bibliothek, Geburtshaus, Grabstätte und die Ebenezer Baptist Church des Bürgerrechtlers. *450 Auburn Avenue nahe Charles Allen Drive, tgl. 9–17 oder 18 Uhr, www.nps.gov/malu/, Eintritt frei*

Peachtree Center
Das futuristische Bürozentrum und spektakulärste Produkt moderner Architektur mit dem 70 Etagen ho-

MARCO POLO Highlights
»Georgia & Florida«

★ **Martin Luther King jr. Natinal Historic Site**
Mehr als nur eine Gedenkstätte des Bürgerrechtlers (Seite 45)

★ **Morris Museum of Art**
Die Entwicklung der Malerei des Südens (Seite 49)

★ **Key West**
Der südlichste Ort der Vereinigten Staaten ist auch der toleranteste (Seite 50)

★ **Miami**
Man lebt nur zweimal: einmal am Tag und einmal bei Nacht (Seite 52)

★ **Savannah**
Die historischen Häuser der ersten geplanten Stadt in Georgia (Seite 58)

★ **Disney World**
Die Heimat der Mickymäuse unter Floridas Tropenhimmel (Seite 56)

Mit Springbrunnen und Beleuchtung: World of Coca-Cola bei Nacht

hen *Westin Hotel,* der luxuriösen Mall und den Innengärten. *Im Karree Baker, Ellis, Williams und Courtland Street*

Underground Atlanta

Unter der neuen Stadt ein Gewirr von Gassen mit Kopfsteinpflaster und Gebäuden, den einzigen, die den großen Brand von 1864 überstanden haben. Während der damals tobenden Schlacht von Atlanta war das ganze Areal ein riesiges Lazarett. Seit der Wiedereröffnung 1989 ein *Town Center* mit Ausstellungen, Restaurants, Nachtclubs und Straßenkünstlern. *Alabama Street/Central Avenue, www.underground-atlanta.com*

MUSEEN

Jimmy Carter Museum

Erinnerungsstücke aus Carters Präsidentschaft und diverse dem Friedensnobelpreisträger gewidmete Ausstellungen. *441 Freedom Parkway, www.jimmycarterlibrary.org, Mo–Sa 9–16.45, So 12–16.45 Uhr, Eintritt $ 7*

Margaret Mitchell House & Museum

1997 für Touristen eröffnet, ist das kleine Haus, in dem Margaret Mitchell den Klassiker »Vom Winde verweht« schrieb, mit seinen spärlichen Ausstellungen nur etwas für echte Fans. *10th und Peachtree Street, www.gwtw.org, tgl. 9–17 Uhr, Eintritt $ 12*

World of Coca-Cola

Als der Publizist H. L. Mencken in den 1930er-Jahren den Süden als Wüste der schönen Künste verspottete, antworteten aufgebrachte Bürger aus Atlanta: In unserer Stadt wurde Coca-Cola erfunden, und das ist eine große kulturelle Leistung. Hier ist sie zu inspizieren, die 120-jährige Kulturgeschichte der

Coke. *55 Martin Luther King jr. Drive/Central Avenue, www.woccatlanta.com, Mo–Sa 9–17, So 11–17 Uhr, Eintritt $ 7*

ESSEN & TRINKEN

103 West

Gäbe es einen Preis für Kitschiges, das beliebte 103 West mitten im Trendviertel Buckhead hätte ihn zweifellos verdient. Zwischen Marmorimitaten und Trompe-l'Œils lässt es sich gleichwohl gut amerikanisch-französisch speisen. *103 West Paces Ferry Road, Tel. 404/233 59 93, So geschl., €€€*

The Capital Grille

Die besten Steaks des Südens. Elegant-urbane Atmosphäre im Trendviertel Buckhead. *255 East Paces Ferry Road, Tel. 404/262 11 62, kein Ruhetag, €€€*

South City Kitchen

Innovative *southern cuisine* in Midtown, zubereitet von kreativen Chefs. Besonders zu empfehlen: in Buttermilch gebratenes Hühnchen. *1144 Crescent Avenue, Tel. 404/873 73 58, kein Ruhetag, €€ – €€€*

EINKAUFEN

Lenox Square/Phipps Plaza

Mit rund 300 Läden eine der größten und bestbesuchten Malls des Landes. Wenn es etwas in New York gibt, dann auch hier: Macy's, Saks, Tiffany und Dutzende anderer Boutiquen und gehobener Warenhäuser. *Tgl. 9–21 Uhr, unterschiedliche Geschäftszeiten einzelner Läden, 3393 Peachtree Road, www.buckhead.org/lenoxsquare*

ÜBERNACHTEN

In Downtown ist es schlicht unmöglich, günstige Zimmer zu finden. Wer weniger als $ 100 die Nacht zahlen will, muss außerhalb suchen.

Ansley Inn

Bed & Breakfast in einem englisch inspirierten Tudorgebäude in Midtown, einem der schönsten und ältesten von Atlantas sehenswerten Wohnvierteln. Zimmer mit Repliken von Möbeln des 18. Jhs. *23 Zi., 253 15th Street, Tel. 404/872 90 00, Fax 892 23 18, www.ansleyinn.com, €€ – €€€*

Motel 6 West

Insider Tipp

Einfach, aber neu und sauber, eine der preiswertesten Unterkünfte im Großraum Atlanta. *2471 Old National Parkway, Tel. 404/761 97 01, €*

Omni

Sciencefiction in Reinkultur: vom Balkon Blick auf die einsehbaren CNN-Studios und die 15-stöckige Hightech-Landschaft. Gemütlich? Nein. Interessant? Ja. *458 Zi., 100 CNN Center, Tel. 404/659 00 00, Fax 525/50 50, www.omnihotels.com/hotels, €€€*

Westin Peachtree Plaza

Bestellen Sie ein Zimmer im 70. Stock: Weltrekord, höher geht es in keinem anderen Hotel. Aller erdenkliche Luxus und überraschend freundlicher Service. Bemerkenswerte Innengärten mit Wasserfällen über acht Etagen, exzellentes *Sun Dial Restaurant* im 73. Stock. *1020 Zi., 210 Peachtree Street, Tel. 404/659 14 00, Fax 589 74 24, www.starwood.com/westin, €€€*

Stone Mountain: Hier reiten die Südstaatengeneräle noch

AM ABEND

Euclid Avenue Yacht Club
Hangout einer bunt gemischten Menge, riesige Bierauswahl. *Little Five Points, 1136 Euclid Avenue*

Johnny's Hideaway
Seit Jahren die Nummer eins für Paartanz zum Bigband-Sound der 1940er- und 50er-Jahre. *Buckhead, 3771 Rosewell Road*

Masquerade
Weitläufiger Tanzboden, Hochbetrieb erst nach Mitternacht. Poolitische und Livemusik. *Midtown, 695 North Avenue, www.masq.com*

AUSKUNFT

Atlanta Convention & Visitors Bureau
233 Peachtree Street Northeast, Suite 100, Tel. 404/521 66 00, Fax 577 32 93, www.atlanta.net

ZIEL IN DER UMGEBUNG

Stone Mountain   [122 A3]
Etwa 25 km östlich von Atlanta an der US 78 wurde in einen scheinbar aus dem Nichts hochgewachsenen, schieren Felsen ein Relief mit den reitenden »Helden« der Südstaaten gehauen, Präsident Jefferson Davis sowie die Generäle Robert E. Lee und »Stonewall« Jackson. Um den gut 1 km breiten Granitdom sind diverse Amüsements angesiedelt, darunter die *Stone Mountain Railroad,* das *Paddlewheel Riverboat,* eine *Antebellum Plantation,* ein *Antique Car & Treasure Museum* und ein kleiner *Zoo.* Für Lauffaule fährt eine Drahtseilbahn am 30 mal 63 m messenden Relief vorbei. An einem unterhalb des Felsens gelegenen See mit Strand kann man baden. Abends werden Lasershows gezeigt. *Tgl. 6–24 Uhr; Tagesticket für alle Attraktionen $ 19*

AUGUSTA

[122 C3] Die 200 000-Einwohner-Stadt rühmt sich der niedrigsten Verbrechensrate Georgias – und des alljährlich im April ausgetragenen Masters Golfturniers. Weniger Reklame – wohl, weil dies ihnen selbstverständich erscheint – machen die Stadtväter mit dem im Bürgerkrieg unversehrt gebliebenen Stadtbild. Die Old Town Augustas schmiegt sich an die Ufer des – durch Kanäle und kleine Seen gezähmten – Savannah River mit der gleichen schläfrigen Eleganz wie seit ihrer Gründung 1736. Liebevoll restaurierte Partien der Altstadt, darunter der Riverwalk am Savannah River, animieren zu entspannenden Spaziergängen.

SEHENSWERTES

Meadow Garden
Das einfache, von gesichtsloser Gegenwartsarchitektur umgebene Farmhaus aus dem 18. Jh. erinnert an langsamere Zeiten. Es gehörte George Walton, einem der Unterzeichner der Unabhängigkeitserklärung, und zeigt in acht mit zeitgenössischem Mobiliar ausgestatteten Räumen den Farmalltag vor 250 Jahren. *1320 Independence Drive, Mo–Fr 10–16 Uhr, Eintritt $ 6*

MUSEUM

Morris Museum of Art
★ Das Museum am Riverwalk ist der Malerei des amerikanischen Südens gewidmet. Rund 2500 Exponate dokumentieren die Entwicklung vom Antebellum bis zur Gegenwart. Besonders interessant: die Darstellung der Afroamerikaner in der Südstaatenkunst. *1 10th Street, www.themorris.org, Di–Sa 10–17, So 12–17 Uhr, Eintritt $ 3*

ESSEN & TRINKEN

Hot Foods by Calvin *Insider Tipp*
Äußerlich eine billige Kantine, drinnen eine der beliebtesten Essstuben der Stadt. Inhaber Calvin Green kocht die besten Gumbos und Brathühnchen nördlich von Louisiana. *2027 Broad Street, Tel. 706/738 56 66, kein Ruhetag, €*

ÜBERNACHTEN

Partridge Inn
100 Jahre altes, hoch über Augusta thronendes Hotel mit preisgekrönter französischer Küche. *155 Zi., 2110 Walton Way, Tel. 706/737 88 88, Fax 731 08 26, www.partridgeinn.com, €€ – €€€*

AUSKUNFT

Augusta Welcome Center
560 b Reynolds Street, Tel. 706/724 40 67

GOLDEN ISLES

[122 C5] Vom Atlantik steinhart gehämmerte Sandstrände, verträumte Marschlandschaften, zauberhafte Eichen- und Kiefernwälder: Die Golden Isles vor Georgias Südküste sind Ferieninseln mit Charakter. Im 16./17. Jh. handelten Spanier und Franzosen hier mit Indianern. Im 18. Jh. nahmen die Engländer die Inseln in Besitz. Wenig später wurden die ersten Baumwollplantagen angelegt und afrikanische Sklaven importiert. Seit dem Bürgerkrieg ersetzt der Tourismus die Plantagenwirtschaft. Alle Inseln sind mit Brücken oder Dämmen mit dem Festland verbunden. Ausgangspunkt für Trips in die Inselwelt ist der hübsche Ort Brunswick. *Auskunft: Brunswick Golden Isles of Georgia Visitors Bureau, Highway 17 und St. Simons Causeway, Tel. 912/ 265 06 20, www.bgivb.com*

Jekyll Island

65 Prozent der Insel sind gesetzlich vor weiterer Bebauung geschützt, Resultat: eine idyllische Marschlandschaft, in der Pelikane lautlos über stille Priele schweben und Hochwild unter uralten Magnolien äst. Neben Naturgenuss bietet die Insel 16 km Sandstrand und die wohl luxuriösesten »Wochenendhäuser« der Ostküste: Bis zum Zweiten Weltkrieg genossen die Rockefellers, Astors, Morgans und Vanderbilts Jekyll Island als privates Feriendomizil. Ihr legendärer Jekyll Island Club kontrollierte zeitweilig ein Sechstel der Geldreserven der Welt. Das *Jekyll Island Museum Visitor Center, 381 Riverview Drive, tgl. 9–17 Uhr,* informiert in schönen Ausstellungen über die exklusive Vergangenheit und veranstaltet Sightseeingtouren zu den Domizilen von Rockefeller & Co.

Ideenreiche Cuisine und elegante Clubatmosphäre der 1920er-Jahre bietet der *Grand Dining Room,* €€, im noblen Jekyll Island Club Hotel, *371 Riverview Drive, Tel. 912/635 26 00, www.jekyllclub. com, €€€.* Das moderne Strandhotel *Jekyll Oceanfront Resort* in weitläufigem Park, *260 Zi., 975 North Beachview Drive, Tel. 912/ 635 25 31, Fax 635 23 32, www.*

jekyllinn.com, €€–€€€, wirbt mit häufigen Sonderangeboten.

St. Simons Island

Die größte und mit erstklassigen Golfplätzen, mehreren Dutzend Restaurants, Badeständen, historischen Sehenswürdigkeiten und stillen Marschen die vielseitigste der »Goldenen Inseln«. Die meisten der rund 14 000 Insulaner wohnen im Village, einer hübschen Ansammlung alter Holzhäuser an schattigen Alleen mit Kneipen und kleinen Restaurants. Die schönsten öffentlichen Strände liegen im Süden: *St. Simons Beach, Massangale Park East Beach* und *Gould's Inlet Beach.*

Der strahlendweiße Leuchtturm von 1867 ist – automatisiert – noch immer in Betrieb. Im Haus des Leuchtturmwärters befindet sich eine interessante Ausstellung zur Geschichte dieses Küstenabschnitts. Wer Fernblick liebt, wird das Panorama von der Spitze des Turms genießen. *St. Simons Island Lighthouse & Museum of Coastal History, Mo–Sa 10–17, So 13.30–17 Uhr, Eintritt $ 3*

Im *Redfern Café,* Treffpunkt der Einheimischen, werden frische Meeresfrüchte nach kreolischer Art serviert. *200 Redfern Village, Tel. 912/638 28 15, €€.* Ein einfaches Hotel mit Pool mitten in St. Simons Village ist das *Queen's Court, 437 Kings Way, Tel. 912/638 84 59, €–€€.*

KEY WEST

[125 D6] ★ Key West ist die letzte der durch 42 Brücken miteinander verbundenen Inseln der Keys – und auch die schönste. Hier verbrachte

Über den Inseln: So sieht Key West von oben aus

der Schriftsteller Ernest Hemingway einen prägenden Abschnitt seines Lebens.

Wenn man die etwa fünf Stunden dauernde Fahrt von Miami nach Key West – das ganze letzte Stück führt über den meist auf Stelzen stehenden Overseas Highway – zurückgelegt hat, weiß man, warum sich der Literaturnobelpreisträger hier so wohl gefühlt hat. Einen bunteren, toleranteren Ort als diesen gibt es in ganz Nordamerika nicht: wunderhübsche, von subtropischer Vegetation eingefasste Conch-Häuser aus Holz; zwischen Kokospalmen gespannte Hängematten; der gleichermaßen zum Hochseefischen und Schatzsuchen (wegen der gesunkenen spanischen Galeonen) einladende Golf von Mexiko mit seinen Korallenriffen; und bis heute ein hinreißendes Gemisch aus Menschen vom Festland und aus der Karibik, in dem alle erdenklichen Randgruppen vertreten sind.

SEHENSWERTES

Ernest Hemingway Home and Museum

Haus im spanischen Kolonialstil. Hier lebte und arbeitete (im abgeschlossenen Nebenhaus) der Schriftsteller. *907 Whitehead Street, www.hemingwayhome.com, tgl. 9–17 Uhr, Eintritt $ 10*

ESSEN & TRINKEN

Half Shell Raw Bar

Insider Tipp

Im alten Anleger der Krabbenfänger werden rohe Austern und Muscheln (daher: Raw Bar) serviert. *231 Margaret Street, Tel. 305/ 294 74 96, kein Ruhetag, €*

ÜBERNACHTEN

Casa Alante Guest Cottages

Insider Tipp

Einfache, um einen Pool gruppierte Cottages, eingerahmt von Hibisken. *10 Cottages für maximal vier Personen, 1435 Roosevelt Boulevard, Tel.*

Doppelte Staatsbürgerschaft?

**Der Pass der unabhängigen
Conch Republic sieht aus wie ein echter**

1982 suchte Washington nach Schmugglern und trennte die Florida Keys per Blockade vom Festland. Conchs – so nennen sich die Bewohner – konnten die Keys nur gegen Vorlage ihres Passes verlassen. Erbost über die Behandlung als Ausland, erklärten sie ihre Unabhängigkeit von den USA und beantragten Entwicklungshilfe bei der UNO. Der anschließende Pressewirbel veranlasste Washington zum Einlenken. Geblieben ist ein Nationalgefühl, das klar zwischen »uns« und »denen« unterscheidet. *Info: The Conch Republic, Office of the Secretary General, 509 Whitehead Street, Suite One, Key West, FL/CR 33040, Tel. 305/296 0213, www.conchrepublic.com*

305/293 07 02, Fax 292 86 99, www.casaalante.com, €–€€

Pier House
Das alte Grandhotel mit Strand hat individuell eingerichtete Zimmer, ein Restaurant und eine Weinstube. *126 Zi., 1 Duval Street, Tel. 305/296 46 00, Fax 296 75 69, €€*

AM ABEND

Captain Tony's und Sloppy Joe's
🏃 Zwei Bars konkurrieren um die Ehre, Hemingways Lieblingskneipe gewesen zu sein. Beide sind voller Erinnerungsstücke, in beiden soll er sein Seemannsgarn gesponnen haben. *Captain Tony's Saloon, 428 Green Street; Sloppy Joe's, 201 Duval Street*

AUSKUNFT

Key West Chamber of Commerce
Mallory Square, 402 Wall Street, Tel. 305/294 25 87, Fax 294 78 06, www.keywestchamber.com

MIAMI

[125 E5] ⭐ Wenn am Abend die Sonne im Golf von Mexiko versinkt, der Himmel sich lila färbt und die langen Strahlen sich in den Spiegelglasscheiben der postmodernen Bürohäuser fangen, dann erwacht Miami ein zweites Mal: nicht zu frisch gepresstem Orangensaft *(real Florida orange juice on ice)*, nicht zu Palmenrauschen und Sonnenbraten; diesmal zum *nightlife.* In den Art-déco-Hotels von Miami Beach legen die Mannequins frisches Make-up auf, an den Neonbars rührt die männliche Fraktion der Jeunesse dorée mit lauernd-taxierendem Blick in den ersten *Frozen Margaritas:* Miami ist Floridas aufregendste Stadt, auch wegen seiner 2,3 Mio. Einwohner. Etwa zwei Drittel von ihnen – Einwanderer aus Nicaragua, El Salvador und Kolumbien, in der Mehrzahl jedoch kubanische Flüchtlinge – sprechen Spanisch.

Art Deco District von Miami Beach

Die Pinks und Pastelle, die Ozeandampfer-Bullaugen und die geschwungenen Augenbrauen über den Fenstern – im ganzen südlichen Miami Beach betören die zarten Farben und nautischen Muste des Art-déco. Noch nicht lange allerdings ist es her, da wäre das in den 1920er- und 30er-Jahren erbaute Viertel beinahe der Spitzhacke zum Opfer gefallen. Der Zahn der Zeit hatte, kräftig unterstützt vom salzhaltigen Wind, zu sehr an Farben und Fassaden genagt. Auf den Aluminiumstühlen vor den Hotels schaukelten nur noch zahlungsschwache Rentner. Bauspekulanten wollten ein ganz neues Miami Beach schaffen. Eine Bürgerinitiative warf sich dazwischen. Der 40 Blocks umfassende Bezirk kam auf das *National Register of Historic Places,* die Liste der schützenswerten Gebäude. Modefotografen entwickelten ein Faible für glutäugige, dunkle Schönheiten vor dem Hintergrund grell lackierter Straßenkreuzer der 1950er- und aufwärtsstrebender geometrischer Wandverzierungen der 1920er-Jahre. *Führungen (Dauer etwa 90 Min.): Miami Design Preservation League, 1001 Ocean Drive, Tel. 305/531 34 84, www.mdpl.org, Mi 10.30, Do 18.30, Sa 10.30, So 10.30 Uhr, $ 20*

Miami Beach: die größte Ansammlung von Art-déco-Gebäuden der Welt

Little Havana

Bei einer Tasse starken kubanischen Kaffees in einem der kleinen Kaffeehäuser an der »Calle Ocho« (Southwest 8th Street) können Sie die Atmosphäre im kubanischen Viertel am besten genießen. Sehenswert sind das *Brigade 2506 Memorial, 8th Street,* zwischen 12th und 13th Street, zur Erinnerung an die fehlgeschlagene Invasion in der Schweinebucht im April 1961, und das *Latin America Art Museum, 2206 8th Street, www.la tinartmuseum.org, Di–Fr 11–17, Sa 11–16 Uhr, Eintritt frei,* mit Werken zeitgenössischer Künstler aus Lateinamerika.

Insider Tipp

Villa Vizcaya

1916: Der Industrielle James Deering hatte Geld wie Heu, denn mit Heu machte er sein Geld. Seine Landmaschinenfabrik warf so viel ab, dass er es sich leisten konnte, im Süden von Miami eine Villa zu bauen. 15 Mio. Dollar gab er dafür aus. Das reichte, um ein bisschen Rokoko, einen Tupfen Barock, ein wenig Renaissance und etwas Neoklassizismus abzuschauen, prächtige Gärten anzulegen und die 70 Zimmer des Palasts mit aus der ganzen Welt zusammengetragenen Kunstschätzen und Antiquitäten aus dem 15. bis 19 Jh. zu füllen. Vor seiner Privatküste »verankerte« er eine Barkasse aus Stein – als Wellenbrecher und eine Art Investition in die Zukunft. Während der Prohibition legten dort mysteriöse Schiffe an. Es wurde nie bewiesen, klingt aber doch plausibel: Sie sollen illegal Schnaps angelandet haben. *3251 South Miami Avenue, www. vizcayamuseum.org, tgl. 9.30 bis 16.30 Uhr, Eintritt $ 12*

ESSEN & TRINKEN

Joe's Seafood Restaurant

Zünftige amerikanische Fischküche: Garnelen, Hummer, Barsche etc. zu vernünftigen Preisen. *400 NW North River Drive (schwer zu finden, da direkt an einem Pier: Biscayne Boulevard bis NW 3rd Street, auf dieser westlich bis North River Drive, auf ihm rechts), Tel. 305/ 381 93 29, kein Ruhetag, €*

Versailles

Wer ein echter Kubaner ist, isst hier. Spiegel gibt es wie im richtigen Versailles, die Medianoche-Sandwiches beeindrucken noch mehr. Kubanische Küche in Klein-Havanna. *3555 SW 8th Street, Tel. 305/ 444 02 40, kein Ruhetag, €€*

ÜBERNACHTEN

Cardozo Hotel

Das I-Tüpfelchen der Art-déco-Restauration. Alle Zimmer sind wieder mit den Originalmöbeln eingerichtet. Die Eigentümer: Salsaqueen Gloria Estefan und ihr Ehemann Emilio. *44 Zi., 1300 Ocean Drive, Miami Beach, Tel. 305/535 65 00, Fax 532 35 63, €€€*

Eden Roc Resort & Spa

Strandhotellegende mit Pool und makellosem Sandstrand. *349 Zi., 4525 Collins Avenue, Miami Beach, Tel. 305/531 00 00, Fax 674 55 55, www.edenrocresort.com, €€€*

FREIZEIT & SPORT

Surfbrettverleiher finden Sie am Strand von *Miami Beach* und am *Rickenbacker Causeway* nach Key

Biscayne (für Anfänger). Angebote für die Sportarten Tennis, Golf und Hochseefischen erfragen Sie am besten im Hotel.

AM ABEND

Bongo's Cuban Café
Gloria Estefans gerade eröffnetes Musikcafé erinnert mit kubanischer Küche und nostalgischem Dekor an das Havanna der 1950er-Jahre. *601 Biscayne Boulevard*

Clevelander
🏃 Die neonbeleuchtete Freiluftbar des Hotels besteht aus Glasbausteinen und ist ein Ort wo man, jedermann, sich trifft. *Tgl. 11–5 Uhr; 1020 Ocean Drive*

Opium Garden
Die elegante Diskothek im Art-déco-Design ist beliebter Treffpunkt der Schönen und Superschönen. Unbestechliche Türsteher. *136 Collins Avenue*

AUSKUNFT

Greater Miami Convention & Visitor Bureau
701 Brickell Avenue, Miami, Suite 2700, Tel. 305/539 30 63, www. miamiandbeaches.com

ZIEL IN DER UMGEBUNG

Everglades National Park [125 E5–6]
Die subtropische Sumpflandschaft liegt westlich von Miami: im Grunde ein sich langsam nach Süden bewegender Fluss, 80 km breit und nur wenige Zentimeter tief. Die Schönheit dieses riesigen Feuchtgebiets, das vom Highway 41 aus gesehen eher einer langweilig-flachen Polderlandschaft ähnelt, erschließt sich erst beim näheren Hinschauen. Von den Besucherzentren werden geführte Touren ins Innere organisiert – zu Alligatoren, Wat- und Wasservögeln. *Haupteingang an der State Road 9336 nahe Florida*

Archaische Bewohner der Everglades sind die Alligatoren

City (vom Highway US 1), Eintritt $ 10 pro Auto, weitere Zufahrten in Shark Valley und Everglades City (vom Highway US 41), www.nps. gov/ever/

ORLANDO

[125 E3] Die Heimat der Micky-mäuse. Ohne sie wäre die Stadt in Zentralflorida noch immer ein verschlafenes Nest. Dank des bestbesuchten der verschiedenen Disneylands sowie eines Dutzends weiterer Amüsierparks ist Orlando (Großraum 1,5 Mio. Ew.) seit 30 Jahren eine schnell wachsende, wohlhabende Stadt voller Abwechslung. In der *Sea World, www.seaworld.com,* küsst der 2000 kg schwere Killerwal Shamu seine hübschen Wärterinnen. Das *Wet 'n' Wild* ist Orlandos Lösung fürs Strandleben: Kamikazerutschen und Surfpool mit meterhohen Wellen; in »mittelalterlichen« Pappmachéschlössern kann man mit Henry VIII Gelage feiern oder sich spaßeshalber in Folterkammern einsperren lassen.

SEHENSWERTES

Universal Orlando
So bedeutende kulturelle Beiträge wie »King Kong«, »E. T.« oder »Zurück in die Zukunft« – hier wird man Teil des Geschehens. Im *Earthquake Ride* erleben Sie ein Beben von 8,3 Punkten auf der Richter-Skala. Auf Hollywoods Sunset Boulevard kann man ebenso wandern wie in New Yorks Central Park. *Island of Adventure,* ein verrückter Abenteuerspielplatz für Jung und Alt, ist ein Ziel für sich. Neueste Attraktionen: die *Hulk-* und *Dueling-Dragon-Achterbahnen* sowie *Men in Black Alien Attack,* ein multimedialer Angriff auf das Nervenkostüm. *1000 Universal Studios Plaza, Exit 30 West des Interstate Highway 14, nahe der Kreuzung von Highway 14 und Florida Turnpike, www.uescape.com, tgl. 9–23 Uhr, Eintritt $ 54,75*

Disney World
⭐ Lust auf mehr? Dann auf zu den *Disney-MGM Studios* mit den *Aliens,* mit *Indiana Jones* und *Grauman's Chinese Theater,* die zwischen nur noch einen kleinen Teil der 1971 eröffneten Disneywelt ausmachen. Das *Magic Kingdom* mit dem *Cinderella-Schloss* und der *Main Street USA* ist der klassische Teil, ähnlich denen von Los Angeles und Paris. Das 1991 hinzugekommene *EPCOT Center* (*Experimental Prototype Community of Tomorrow*) zeigt, wie man sich vor einem Jahrzehnt die Welt von morgen, also die heutige, vorgestellt hat – nicht ohne Reiz, denn wir können jetzt vergleichen. Die neueste der vier Hauptwelten ist *Disney's Animal Kingdom.* Daneben gibt es noch die Wasser- und Abenteuerwelten *Blizzard Beach, River Country* und *Typhoon Lagoon.* Schier unmöglich, mehr als einen Park pro Tag zu besuchen, und, kleiner Tipp, besonders das Magic Kingdom ist derart beliebt, dass Sie sich auf Wartezeiten von ein bis eineinhalb Stunden vor jeder Einzelattraktion einrichten müssen. *Zufahrt über I 4 oder den Irlo Bronson Memorial Highway (192/530), unübersehbare Schilder zu den verschiedenen Teilen, www.disneyworld.com, tgl. 9–22, meist bis 23*

oder 24 Uhr; Tageskarte für einen Park $ 58,31, 4-Tages-Pass für alle vier Parks $ 233,24; 5-Tages-Pass für die Parks plus Pleasure Island, Typhoon Lagoon, River Country und Blizzard Beach $ 265,19

AUSKUNFT

Orlando Official Visitor Center
8723 International Drive, Tel. 407/ 363 58 72, www.orlandoinfo.com

ZIEL IN DER UMGEBUNG

Kennedy Space Center [125 E3]
Weniger als eine Autostunde östlich von Orlando liegt der Raumfahrt-bahnhof auf dem *Cape Canaveral,* Start- und manchmal Landeplatz für die Space-Shuttle-Raumfähren. Am *Visitor Complex,* wo Raketen, Raumkapseln und eine Raumfähre samt Startrakete stehen, beginnen Bustouren durch das Gelände. Sie führen zur *Observation Gantry,* dem Turm, von dem aus Starts zu sehen sind (Fernglas mitbringen!), zum *Apollo/Saturn V Center* aus der Zeit der Mondfahrten, zum *International Space Station Center,* wo die entstehende internationale Raumstation besichtigt werden kann, zu den *Space Shuttle Launch Pads,* wo die Raumfähren starten, und zu anderen Raumfährenein-richtungen. Sie können an den Hal-tepunkten bleiben, so lange Sie wollen, und mit einem späteren Bus weiterfahren. *Tgl. 10–15.45 Uhr; Abfahrt der Busse alle 15 Min., bei Raumfahrtaktivitäten können die Touren ausfallen. Zeiten der Ra-ketenstarts können Sie unter Tel. 321/449 44 44 erfragen.*

Die *Imax-Kinos* beim Visitor Center zeigen spannende Filme zur Raumfahrt. *Kennedy Space Center Visitor Complex, Visitors Complex Route 405 (via Nasa Causeway), www.kennedyspacecenter.com, tgl. 9–19 Uhr. Verschiedene Ticketop-tionen, empfehlenswert: Maximum Access Admission für $ 35 mit Zu-gang zum Space Center, zu beliebig vielen Imaxfilmen, interaktiven Si-multationscomputern und zur As-tronauts Hall of Fame*

SAINT AUGUSTINE

[125 E2] 1513 landete hier der spa-nische Eroberer Juan Ponce de Le-ón, angeblich auf der Suche nach einem Jungbrunnen. 1565 gegrün-det, rühmt sich Saint Augustine, heute ein charmantes Städtchen (12 000 Ew.), die älteste Stadt der USA zu sein. Bis 1821 war Saint Augustine Hauptstadt eines spani-schen Florida.

SEHENSWERTES

Castillo de San Marcos
Die wuchtige, Ende des 17. Jhs. er-baute Wehrburg mit 10 m dicken und 5 m hohen Mauern kündet bis heute eindrucksvoll vom Glanz des spanischen Kolonialreichs. Sie wur-de trotz mehrfacher Versuche nie-mals von Feinden eingenommen. *Tgl. 8.45–16.45 Uhr; Eintritt $ 5*

Vom Castillo führt die *George Street,* eine von historischen Häu-sern gesäumte Fußgängerstraße, zur schönen *Plaza de la Constitu-cion.* Um den Platz gruppieren sich zahlreiche repräsentative Villen aus der spanischen Kolonialzeit, darun-ter die herrliche *Basilica Cathedrale of St. Augustine* und das alte *Go-vernment Hotel.*

Insider Tipp

Historische Viertel

Am unterhaltsamsten ist es, ein- oder zweispännig durch die noch immer mediterran wirkende Old Town zu fahren. Die Kutscher geben malerischen, aber nicht unbedingt genauen »Geschichtsunterricht«. *Colee's Sightseeing Carriage Tours, tgl. 8.30–17 Uhr, Sommer bis Mitternacht, ab $ 38 pro Stunde, an der Bayfront nahe dem Castillo, Tel. 904/829 28 18*

ESSEN & TRINKEN

Fiddlers Green

Gemütliches Seefahrerrestaurant mit Blick auf den Atlantischen Ozean. *2750 Anahma Drive, Tel. 904/824 88 97, kein Ruhetag, €*

Santa Maria Restaurant

Dockhaus in der Matanzas Bay mit Blick auf die alte Bridge of Lions. Spezialitäten: balearischer Fisch de Maestrez, Garnelen, Florida Lobster. *135 Avenue Menendez, Tel. 904/829 65 78, im Sommer Mi geschl., €€*

ÜBERNACHTEN

Im Bereich um die Altstadt befinden sich jede Menge Motels und Hotels aller Kategorien. Besonders schön aber sind die B&B's im historischen Zentrum. In den alten Holzgebäuden ist das Rauchen, wenn überhaupt, nur auf den Veranden gestattet.

Casa Monica

Elegantes Haus im spanisch-maurischen Stil in der Old Town. *138 Zi., 95 Cordova Street, Tel. 904/827 18 88, Fax 827 04 26, www.casamonica.com, €€€*

Westcott House Inn

Südstaatenvilla aus den späten 1880er-Jahren mit wunderschönen, gemütlichen Veranden und alten amerikanischen Möbeln. Sehr romantisch: das lichte Elisa-Maria-Zimmer mit Blick auf Bucht und Leuchtturm! *9 Zi., 146 Avenue Menendez, Tel. 904/824 43 01, Fax 824 15 02, www.westcotthouse.com, €€–€€€*

AUSKUNFT

St. Augustine Visitor Center

10 Castillo Drive, Tel. 904/825 10 00, www.staugustinechamber.com

SAVANNAH

[122 C4] ★ Verschlafener Süden, erdrückende Hitze: Die Geschichte hat es mit der Stadt an der Küste von Georgia gut und schlecht zugleich gemeint. 1733 wurde sie im Schachbrettmuster angelegt. 1864 ließ General Sherman auf seinem »Marsch zur See« den bis dahin zum wichtigen Baumwollhafen gediehenen Ort unzerstört. Danach verfiel Savannah – eine Folge des Niedergangs der unrentabel gewordenen Plantagenwirtschaft. Erst in den 1950er-Jahren begann der Wiederaufbau. Ein Gang durch die Stadt unter den mit schwerem Spanischem Moos behangenen Eichen ist ein Spaziergang in das Herz des Alten Südens. 21 Plätze verlangsamen den Schritt – und erfüllen damit bis heute ihren Zweck, die Lebensqualität zu erhöhen. Im Zentrum liegt der *historic district*. Keine zwei Häuser gleichen einander. Säulenbestandene Veranden, prunkvolle Fassaden, schmiedeei-

Alte, mit Moos behangene Eichen bilden diese Allee in Savannah

serne Balkongitter, das Spektrum der Pastellfarben, überall Eichen, Azaleen und Springbrunnen – hier betreten Sie tatsächlich eine »Vom Winde verweht«-Kulisse.

SEHENSWERTES

Cathedral of St. John the Baptist

Unübersehbar überragen die beiden Türme der gotischen Kathedrale die Altstadt. Nach dem Feuer von 1898 wieder aufgebaut, war der Diözese von Savannah für ihr 1876 geweihtes Gotteshaus das beste gerade gut genug. So besteht der Altar aus italienischem Marmor, die Fenster stammen aus Österreich und die opulenten Teppiche aus Persien. *222 East Harris Street, www.savannahcathedral.org, tgl. 9–17 Uhr*

Colonial Park Cemetery

Bis 1853 der Friedhof der Stadt, liegen hier im Schatten knorriger Bäume prominente Kaufleute, Duellanten und Helden aus dem Unabhängigkeitskrieg. *Oglethorpe Street und Abercorn Street*

Historische Häuser

Gerade außerhalb des südlich von der *Gaston Street* begrenzten historischen Zentrums, an der *14 East Huntington Street,* steht das *King-Tisdell Cottage,* ein »Gingerbread«-Haus, also mit reicher Holzschnitzverzierung (1896) und zugleich *African American Heritage Museum, tgl. 9–17 Uhr, Eintritt $ 3.* Auf der zwei Blocks nördlich gelegenen *Gordon Street* geht es westlich zur *Mikve Israel Synagogue, 20 East Gordon Street, Mo–Fr 10–12 und 14–16 Uhr;* 1878 von deutschen und portugiesischen Juden im neogotischen Stil erbaut. Über den *Monterey Square* – rundherum schöne Häuser – führt die wichtigste Nord-Süd-Straße, die *Ball Street,* hinauf zum *Madison Square* mit der *St. John's Episcopal Church* von 1840 und dem *Green-Meldrim House, 14 West Macon Street, Di, Do und Fr 10–16 Uhr, Eintritt $ 5,* einer neogotischen Mansion mit schmiedeeisernem Portal, die General Sherman als Hauptquartier nutzte. Weiter die *Bull Street* nördlich zum *Chippewa Square* mit der *First Baptist Church,* der ältesten dieser Glaubensrichtung in Georgia, zur heute von einem Versicherungskonzern genutzten *Barrow Mansion* und zum ältesten kontinuierlich bespielten Theater des Landes, dem *Savannah Theatre.* An der *Ecke Bull Street/ Oglethorpe Avenue* steht das 1821 im Regency-Stil – nach der Regency-Zeit 1810–20 in Großbritannien – erbaute *Geburtshaus* der Gründerin der amerikanischen Pfadfinderinnen, Juliette Gordon Low *(Mo/Di und Do–Sa 10–16 Uhr, Eintritt $ 5).* Auf der *State Street* rechts, vorbei an der *Lutheran Church of the Ascension,* gelangen Sie zum *Owens-Thomas House* von 1816, *124 Abercorn Street, Mo 12–17, Di–Sa 10–17, So 14–17 Uhr, Eintritt $ 8,* das als schönstes Regency-Gebäude des Landes gilt. Noch etwas östlich auf der *State Street, 324 East State Street,* findet sich das 1820 erbaute *Davenport House, Mo–Sa 10–16, So 13–16 Uhr,* im großzügigen Georgia-Federal-Stil mit exquisiten alten Chippendale-Möbeln und einem eleganten, ellipsenförmigen Treppenhaus. Auf einer beliebigen Straße können Sie nördlich zur *St. Julian Street* gehen, auf dieser westlich über die Plätze *Warren Square* und *Reynolds Square* zum *Johnson Square* mit der *Christ Episcopal Church, tgl. 9–12 Uhr,* und ihren klassizistischen weißen Säulen

(1838), an genau der Stelle, wo 1733 die Siedler das erste Gotteshaus errichtet hatten. Nördlich des *Johnson Square,* am Ende der *Bull Street,* steht die *City Hall,* das neoklassizistische Rathaus mit der typischen kupferverkleideten Kuppel aus der Zeit der Wende zum 20. Jh.

MUSEEN

Savannah History Museum

Jede Menge Stadtgeschichte, spannend inszeniert: Ansprechende Ausstellungen spannen den Bogen von der Gründung über die Plantagenwirtschaft bis zum Kassenknüller »Forrest Gump«. *303 Martin Luther King jr. Boulevard, tgl. 9–17 Uhr, Eintritt $ 5*

Telfair Mansion & Art Museum

In Savannah war man schon immer kunstsinnig: Dieses kleine, aber feine Kunstmuseum wurde bereits 1819 eröffnet. In seinen kühlen Räumen warten römische Plastiken, europäische Impressionisten und Sylvia Shaw Judsons »Bird Girl«, jene Skulptur, die durch den Film »Mitternacht im Garten von Gut und Böse« berühmt wurde. *121 Barnard Street, Mo 12–17, Di–Sa 10–17, So 13–17 Uhr, Eintritt $ 5*

ESSEN & TRINKEN

Die meisten der guten Restaurants befinden sich im *historic district.* Die Einheimischen fahren zum Dinner gern hinaus nach Tybee Island.

Elizabeth on 37th

Schönes Speisen im Fin-de-siècle-Ambiente. Seit der Eröffnung 1981 das beste Restaurant der Stadt. Elizabeth Terry kocht Südstaatengerichte vom Feinsten, etwa Shrimp Savannah und scharf gewürzte Wachteln. *105 East 37th Street, Tel. 912/236 55 47, kein Ruhetag, €€–€€€*

Il Pasticcio
Wie in Mailand: wunderschönes Bistro ganz in Glas und Edelstahl. Wechselnde norditalienische Speisekarte, vorzügliche Weine. Von USA Today zu einem der zehn besten Italiener Amerikas gekürt. *2 East Broughton, Tel. 912/231 88 88, kein Ruhetag, €€–€€€*

ÜBERNACHTEN

Azalea Inn
Gelbes Stadthaus von 1889, charmanter Service. *6 Zi., 217 East Huntington Street, Tel. 912/ 236 27 07, Fax 236 01 27, www. azaleainn.com, €€–€€€*

Foley House
B&B in zwei schönen alten Stadthäusern am Chippewa Square, stilecht renoviert, mit antiken Möbeln und feinem Porzellan. Außergewöhnlicher Service und viel Luxus, Whirlpool in einigen Zimmern. *9 Zi., 14 West Hull Street, Tel. 912/232 66 22, Fax 231 12 18, www.foleyinn.com, €€€*

Forsyth Park Inn
B&B in einer viktorianischen Mansion mit wunderbar luftigen – 5 m hohe Decken – und sehr geschmackvoll eingerichteten Zimmern. *11 Zi., 1 Cottage für vier Personen, 102 West Hall Street, Tel. 912/233 68 00, Fax 233 68 04, www.forsythparkinn.com, €€€*

AM ABEND

Waterfront Area
In den alten Backsteinlagerhäusern befinden sich etliche Bars, Restaurants und Nachtclubs. *John P. Rousakis Riverfront Plaza*

AUSKUNFT

Savannah Visitors Center
301 Martin Luther King jr. Boulevard, Tel. 912/944 04 55, www. savcvb.com

ZIELE IN DER UMGEBUNG

Fort Pulaski National Monument [122 C4]
Meterdicke Kasematten, Schießscharten, Hängebrücken: Trutzig und düster wirkt es noch heute. Das 1847 fertig gestellte Fort auf Cockspur Island sollte die Mündung des Savannah River bewachen, wurde aber 1862 nach kurzer Kanonade von Unionstruppen eingenommen. *Highway 80, 16 km östlich von Savannah, tgl. 8.30 bis 17.15 Uhr, Eintritt $ 3*

Tybee Island [122 C4]
Von hier aus nahmen Unionstruppen einst Fort Pulaski unter Feuer. Heute ist die 30 km östlich von Savannah liegende Insel ein Naherholungsgebiet der Einheimischen. Hauptattraktionen sind der 5 km lange Sandstrand, die romantische Pier und der historische Leuchtturm *Tybee Island Lighthouse,* von dessen Spitze Sie einen herrlichen Blick über die Atlantikküste genießen. Auskunft: *Tybee Island Visitor Center, 802 1st Street und Highway 80, tgl. 10–18 Uhr, www. tybeeisland.com*

Bibel, Bluegrass, Bürgerrechte

Dramatische Vergangenheit, aufregende Zukunft. Und vor allem lauter kreative Menschen

Zwei Bundesstaaten, bei denen das übrige Amerika noch immer schnell mit wenig schmeichelhaften Vorurteilen bei der Hand ist. Tennessee? Bevölkert von rückständigen Hinterwäldlern, die erst seit 1967 in der Schule von der Evolutionstheorie hören. Alabama? Wanderprediger und andere Fundamentalisten. Auch Europäer wissen, Hollywood sei Dank, was hier los ist. Seit Gregory Peck in »Wer die Nachtigall stört« als Anwalt einen unschuldigen Schwarzen verteidigte, ist ganz Alabama schwarz-weiß gemustert.

Tennessee, 110 000 km^2 groß und bevölkert von 5,7 Mio. Menschen, macht trotz der Great Smoky Mountains im Osten und dem Mississippi im Westen einen landschaftlich unaufgeregten Eindruck. Alabama, mit 4,5 Mio. Menschen auf 133 000 km^2, ist mit seinen Hügeln, Wäldern und klaren Flüssen im Norden und Sandstränden im Süden ganz hübsch. Aber atemberaubend, grandios, unvergesslich? Superlative hebt man sich lieber für andere Orte im Süden auf. Wer Tennessee und Alabama bereist, kommt wegen der Menschen

Commerce Street in Nashville

– und wegen ihrer Musik und Geschichte. Tennessee hat Memphis und Nashville, hat Elvis und Graceland, Jazz, Rock 'n' Roll, Bluegrass und Country Music. Alabama hat die Stätten der Bürgerrechtsbewegung, hat NASA-Forschungszentren und Gospelgesänge in Sonntagsgottesdiensten. Und beide haben je eine Menge historischer Schlachtfelder.

BIRMINGHAM

[121 E3] Alabamas größte Stadt (270 000 Ew.) ist eines der besten Beispiele für die Transformation des Südens. 1871 auf Eisen- und Kohlevorkommen gegründet, galt es dank seiner Stahlindustrie als Pittsburgh des Südens, aber auch als das Johannesburg von Amerika – wegen der Rassentrennung. 1963 wurde hier das »Project C« (für: *confrontation)* gestartet, bei dem Tausende von Bürgerrechtlern, auch Martin Luther King jr., inhaftiert wurden. Zentrum des Protests war die *16th St. Baptist Church (zwischen 6th und 7th Avenue),* die Stätte eines Bombenanschlags des Ku-Klux-Klan, bei dem vier kleine Mädchen starben. 1974 aber wählte die Stadt ihren ersten schwarzen Bürgermeister, heute ist sie eine schnell wachsende, moderne Metropole, die ihre Dreckschleudern abgerissen und eine neue, smogfreie Skyline gebaut hat.

der Weltöffentlichkeit auf den Kampf gegen die Rassentrennung und kanalisierte die von Martin Luther King jr. geführte Bürgerrechtsbewegung. *1530 Sixth Avenue, geführte Touren Di–Fr 10–16 Uhr, $ 7*

SEHENSWERTES

Alabama Jazz Hall of Fame

Das im historischen Carver Theatre untergebrachte Museum widmet sich allen Jazzgrößen, die aus Alabama stammen oder lange hier gespielt haben. Nat King Cole, Duke Ellington, Lionel Hampton u. a. sind in schönen Ausstellungen verewigt, hinzu kommen lehrreiche Streifzüge durch die Geschichte des Jazz. *1631 4th Avenue North, www.jazzhall.com, Di–Sa 10–17, So 13–17 Uhr, Eintritt frei*

Birmingham Civil Rights Institute

In mehreren, teils multimedial aufbereiteten Galerien ist die Bürgerrechtsbewegung von ihren Anfängen während der Rassentrennung bis zu den blutigen Konfrontationen während der 1960er-Jahre dokumentiert. Die dramatischen Ereignisse in Birmingham – Streiks, Sit-ins, Straßenschlachten – werden nicht ausgespart. *520 16th Street North, Eintritt $ 8*

Sixteenth Street Baptist Church

Am 15. September 1963, kurz vor dem Gottesdienst um 11 Uhr morgens, explodierte hier eine vom Ku-Klux-Klan gelegte Bombe. Sie tötete vier kleine schwarze Mädchen. Dieses als *Sixteenth Street Baptist Church Bombing* in die amerikanische Geschichte eingegangene Verbrechen lenkte die Aufmerksamkeit

ESSEN & TRINKEN

La Paree

Der französische Name täuscht: Hier gibt es solide Burger, Ribs und Steaks zu Mittag. Der kinoähnliche Eingang ist nicht zu übersehen. *2013 5th Avenue North, Tel. 205/ 251 59 36, Mo–Fr 6.30–9.30 und 11–14.30 Uhr, €*

EINKAUFEN

Das von einem der größten Skylights der Welt überdachte Einkaufszentrum *Riverchase Galleria (I-459 und Highway 31)* beherbergt Macy's, Sears, Parisians und etliche andere Kaufhäuser. Designermarken gibts im *Mountain Brook Village*, einer Nobeleinkaufszone an der *Cahaba Road*.

ÜBERNACHTEN

Pickwick Hotel

Bekannt für seinen freundlichen Service, dank seines historischen Ambiente beliebt. *91 Zi., 1023 20th Street, Tel. 205/933 95 55, Fax 933 69 18, www.pickwickhotel. com, €€*

AUSKUNFT

Greater Birmingham Convention & Visitors Bureau

2200 9th Avenue North, Tel. 205/ 458 80 00, Fax 458 80 86, www. bcvg.org

CHATTANOOGA

[121 F2] »Pardon me, boy, is that the Chattanooga Choo-Choo?« beginnt Glenn Millers berühmtes Stück, und selten wird ein Ort so sehr mit einem Lied assoziiert. Die Anfang des 19. Jhs. am Tennessee River gegründete Stadt (155 000 Ew.) wuchs so schnell, dass sie zu Beginn der 1970er-Jahre von der Bundesregierung den zweifelhaften Titel »Dirtiest City in America« erhielt. Die Stadtväter steckten daraufhin die Köpfe zusammen und vollbrachten eine beispiellose Kehrtwende: 18 000 Jobs in der veralteten verarbeitenden Industrie wurden gestrichen und neue, den Tourismus ankurbelnde Projekte realisiert.

SEHENSWERTES

Chattanooga Choo-Choo
Wo einst 70 Züge täglich verkehrten, betten heute müde Touristen in alten Schlafwagen das Haupt. Der 1971 stillgelegte Southern Railway Terminal präsentiert sich nach einer umfassenden Renovierung als ansprechendes Konferenz- und Unterhaltungszentrum mit einem originellen Holiday Inn, herrlichen Gärten, vier Restaurants und 14 Geschäften. *1400 Market Street, www.choochoo.com*

The Houston Museum of Decorative Arts
Als Anna Safley Houston im Jahr 1951 arm wie eine Kirchenmaus starb, wurde sie wegen ihres Sammelwahns – Glaswaren und über 15 000 Kannen – als verschrobene *Antique Annie* belächelt. Heute gilt ihre Sammlung erlesener Glaswaren – darunter Stücke von Tiffany und Steuben – als unbezahlbar. *201 High Street, Mo–Fr 9.30–16 Uhr, Eintritt $ 7*

Tennessee Aquarium
Das 45 Mio. Dollar teure Süßwasseraquarium gehört zu den besten des Landes. In über 20 riesigen Behältern zeigt es die Unterwasserflora und -fauna des Tennessee River sowie für Afrika und Südamerika ty-

MARCO POLO Highlights »Tennessee & Alabama«

★ **US Space and Rocket Center**
Die Raketen und Raumfähren der NASA (Seite 68)

★ **Graceland**
Die Legende Elvis lebt – das ist auch an seinem Grab zu spüren (Seite 70)

★ **Country Music Hall of Fame**
Tempel der Musik des weißen Amerika in Nashville (Seite 74)

★ **Grand Ol' Opry**
Wäre Nashville ein Synonym für Musik ohne diese Radioshow? (Seite 75)

Howdy? Howdy!

Die Südstaatler sprechen anders

Neun Jahre Englisch in der Schule und doch kein Wort verstanden? Im äußersten Süden ist das erklärbar. In Miami sprechen die meisten Spanisch, das Englische kommt vielen nur schwer über die Zunge. Südwestlich von New Orleans fließt viel Französisch ein, obwohl es in den Schulen verboten war. Ansonsten aber sprechen die Südstaatler mit dem *southern drawl,* sie ziehen die Worte gern zusammen. *Howdy,* wie gehts, sagen sie anstatt *How do you do?* Im Bible Belt, wo alle tief gläubig sind, wird der Name des Herrn nicht missbraucht. Wer ihn dennoch erschrocken ausruft, ruft nicht *by God,* sondern *by Gosh.* Und *damned,* verdammt, ist nichts und niemand. Oder doch? *Keep your darned cotton picken hands out of the sugar bowl* heißt eigentlich: Lass deine verdammten Baumwollpflückerhände aus der Zuckerdose. *Gee, whiz,* wird das ermahnte Kind darauf ausrufen – und vielleicht nicht wissen, dass es gerade Jesus – *Gee* – um Verzeihung für seine Schandtaten gebeten hat.

pische Unterwasserhabitate. Insgesamt 7000 Fisch-, Reptilien und Amphibienarten tummeln sich hier. Zum Aquarium gehört ein Imax-Kino. *1 Broad Street, www.tnaqua. org, tgl. 10–18 Uhr, Eintritt $ 14, Imax-Ticket $ 8*

MUSEUM

Chattanooga African-American Museum

Anders als ihre Leidensgenossen auf den Baumwollplantagen arbeiteten die Sklaven in Chattanooga in Haushalten und auf dem Tennessee River. Viele waren freie Unternehmer, nicht wenige Ärzte, Kaufleute und Rechtsanwälte. Dieses inspirierende Museum erzählt ihre Geschichten. Untergebracht ist es in der Bessie Smith Hall. Die »Empress of Blues« wurde 1894 hier geboren. *200 East Martin Luther King Boulevard, Mo–Fr 10–17, Sa 12–16 Uhr, Eintritt $ 6*

ESSEN & TRINKEN

Dinner on the Diner

Bestes Filet Mignon, serviert im Chattanooga Choo-Choo. *1400 Market Street, Tel. 423/266 50 00, kein Ruhetag, €–€€*

The Loft

Steaks, Ribs, Seafood und gigantische Desserts. Immer voll. *328 Cherokee Street, Tel. 423/ 266 36 01, kein Ruhetag, €€€*

Southside Grill

Schwein und Huhn ideenreich zubereitet. Beste Weinkarte der Stadt: 20 offene Weine; Set à drei Gläser zur Weinprobe. *1400 Cowart Street, Tel. 423/266 65 11, kein Ruhetag, €€*

ÜBERNACHTEN

Chattanooga Choo-Choo Holiday Inn
Über 300 Zimmer, viele davon in alten Eisenbahnwaggons. *360 Zi., 1400 Market Street, Tel. 423/ 266 50 00, Fax 265 46 35, www. choochoo.com, €€*

Cascades Motel
Einfaches Motel, aber sauber und preiswert. *36 Zi., 3625 Ringgold Road, Tel. 423/698 15 71, Fax 698 73 16, €*

AUSKUNFT

Chattanooga Area Convention and Visitors Bureau
2 Broad Street, Tel. 423/756 86 87, www.chattanoogafun.com

ZIELE IN DER UMGEBUNG

Chickamauga and Chattanooga National Military Park   [121 F2]
Als Verkehrsknotenpunkt war Chattanooga im Bürgerkrieg heiß begehrt. 1863 war es soweit: In mehreren blutigen Schlachten gelang es den Unionstruppen, die strategisch wichtige Stadt einzunehmen. Stille Spazierwege führen über das waldige Terrain, Schilder verweisen auf blutige Konfrontationen. Ein Besucherzentrum informiert detailgenau über den Verlauf der Schlachten. *Highway 27, www.nps.gov/chch, tgl. 8–16.45 Uhr, Eintritt $ 3*

Lookout Mountain   [121 F2]
Am Südrand von Chattanooga erhebt sich der Lookout Mountain, der Hausberg der Stadt. Seit dem 19. Jh. ein beliebtes Ausflugsziel, lockt er bis heute mit drei lohnenswerten Sehenswürdigkeiten. Mit der aus den 1890er-Jahren stammenden *Incline Railway, 827 East Brow Road, Sommer tgl. 8.30–2130 Uhr, Frühjahr und Herbst tgl. 9–18 Uhr, Ticket $ 8*, geht es zunächst hinauf – zuletzt bei 72 Prozent Steigung. Oben wartet ein Shuttlebus. Er bringt die Besucher zu den *Ruby Falls (tgl. 8–20 Uhr, Eintritt $ 12,95)*, die mit fast 50 m Höhe als höchste unterirdische Wasserfälle der Welt firmieren. Mit dem Aufzug geht es hinab, ein niedriger Tunnel führt zu dem mit einer dramatischen Lightshow wirksam inszenierten Wasserfall. Im Tageslicht bleibt man beim Besuch der *Rock City Gardens (tgl. 8.30–16 Uhr, Eintritt $12,95)*. Dieser von Schluchten und bizarren Felsformationen geprägte Teil des Bergs liegt bereits in Georgia und wird am besten mit dem Auto besucht.

Ocoee River Rafting   [121 F2]
Wo 1996 die olympischen Kajakwettbewerbe stattfanden, tummeln sich heute abenteuerlustige Touristen: Der Ocoee River mit seinen Klasse-III-Stromschnellen ist ein Paradies für Wassersportler. Veranstalter: *Outdoor Adventure Rafting, Tel. 1800/627 76 36, www.raft.com*

HUNTSVILLE

[121 E2] Selten ist das Nebeneinander von altem und modernem Süden so augenfällig wie in der Stadt Huntsville im nördlichen Alabama. In zwei alten Wohnvierteln, der *Old Town* am *Courthouse Square* und dem *Twickenham Historic District*, steht die größte Ansammlung von Antebellumhäusern, Erinne-

Astronautenanzug im US Space and Rocket Center

Ausstellung von Weltraumfahrzeugen überhaupt. Hier stehen die Raketen, die Amerika zur führenden Macht im Weltraum werden ließen. Sie können den Nachbau eines Space Shuttle besichtigen, in den Schwerelosigkeitssimulator steigen, die atemberaubenden Fotos der Astronauten sehen und die Exponate der Raumfahrt aus nächster Nähe betrachten. *1 Tranquility Base, tgl. 9–18 Uhr; Eintritt $ 15, 8 km westlich von Downtown (I-565)*

ESSEN & TRINKEN

Greenbrier Restaurant
Seit einem halben Jahrhundert die Nummer eins: beste Steaks, ribs und mehr. *27028 Old Highway 20, Tel. 256/351 18 00, €–€€*

ÜBERNACHTEN

Four Points by Sheraton
Sheraton Inns sind etwas einfacher und günstiger als Sheraton-Hotels. Trotzdem Pool, Tennis, Fitnesscenter und Golf. Am Flughafen. *148 Zi., 1000 Glenn Hearn Boulevard, Tel. 256/772 96 61, Fax 464 91 16, €€*

Huntsville Hilton
Modernes Hochhaus mitten in Downtown mit Bar, Restaurant, Pool, Joggingbahn. *277 Zi., 401 Williams Avenue, Tel. 256/533 14 40, Fax 534 45 81, €€*

rung an die älteste englischsprachige Siedlung des Staats, die 1819 den Beitritt zu den Vereinigten Staaten beantragte. Aber Huntsville (160 000 Ew.) ist auch die Stadt, in der die amerikanischen Streitkräfte nach dem Zweiten Weltkrieg ihre Raketenforschungsvorhaben konzentrierten. Gelegen kam ihnen dabei, dass sie den Deutschen Wernher von Braun und 118 seiner Kollegen aus dem V-2-Projekt nach kurzer Entnazifizierungsperiode als Wissenschaftler gewannen.

SEHENSWERTES

US Space and Rocket Center
★ Interessanter als das Kennedy Space Center in Florida: die größte

AUSKUNFT

Huntsville Convention & Visitors Bureau
500 Church Street, Suite 1, Tel. 256/551 22 30, Fax 551 23 24, www.huntsville.org

MEMPHIS

[120 C2] Man denkt an Raddampfer auf dem Mississippi und an Elvis – und vergisst, dass die 700 000-Einwohner-Stadt noch viel mehr zu bieten hat. Museen, Galerien und immer wieder Musik, sei es Blues, sei es Rock 'n' Roll – Memphis unterhält wie ein altgedienter Profi. 1819 wurde die Stadt gegründet, bis zum Bürgerkrieg wuchs sie zu einem Umschlaghafen für Baumwolle und dem größten Sklavenmarkt der Region heran. Unionstruppen eroberten sie früh, nach Kriegsende erlebte die Stadt ein Höhen und Tiefen. Ihr hoher schwarzer Bevölkerungsanteil und die Jim-Crow-Gesetze machten sie zum Fluchtpunkt für Schwarze aus dem gesamten Süden. Das schrittweise Ende der Rassentrennung und die damit verbundene Abwanderung der Musikszene, die Ermordung Martin Luther Kings 1968 und 1977 der Tod von Elvis Presley, der mehr als 30 Jahre zuvor hier seine ersten Schallpatten aufgenommen hatte, stürzten Memphis in die Krise. Musik war auch einer ihrer Retter: Graceland, das Presley-Anwesen und letzte Ruhestätte des »King«, entpuppte sich als Besuchermagnet. Danach wurde Beale Street, die Wiege des Blues, geliftet, während sich weltweit operierende Unternehmen wie Federal Express hier niederließen. Und die Menschen, noch immer mehr schwarz als weiß, genießen: Memphis feiert über 150 Musikfestivals im Jahr und nennt sich stolz »porc barbecue capital of the world!«

SEHENSWERTES

Center for Southern Folklore *Insider Tipp*
Der Alltagskultur der Bewohner von Memphis und Umgebung am nächsten ist dieses aus Museum, Galerien, Restaurant und Konzerthalle bestehende Zentrum. Bei einem Bummel durch die wechselnden Ausstellungen kann man sich in die Folklore des Süden vertiefen. *119 South Main Street, Mo–Fr*

In Memphis fährt diese nostalgische gelbe Straßenbahn

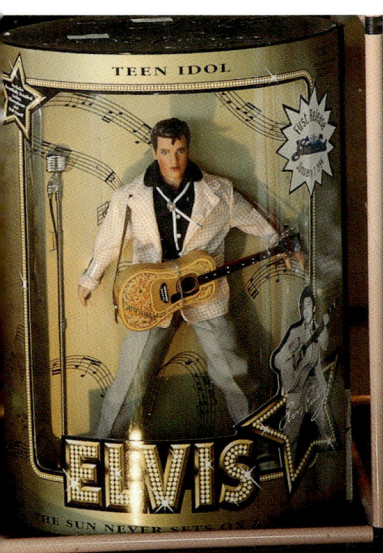

Schön kitschig: Elvis in der Dose

11–17, Sa 12–16 Uhr; www.
southernfolklore.com

Insider Tipp **Church of the Full Gospel Tabernacle**
Memphis ist nicht nur Elvis, Blues und Rock 'n' Roll, die Stadt steht auch für schwungvolle Gospelgottesdienste. In der Hale Street zelebriert kein Geringerer als der frühere Soulstar Al Green (u. a. »Let's stay together« und »Put a little love in your heart«) die Messe. Green, nach privaten Schlüsselerlebnissen vom Soul auf Gospel umgestiegen, singt meist am Sonntagmorgen um 11 Uhr. Vorher anrufen! *787 Hale Road, Tel. 901/396 91 92*

Graceland
★ Nie gehört? Dann vergessen. Irgend etwas rockt innerlich? Nichts wie hin? Graceland, das Anwesen des King of Rock 'n' Roll, ist etwas für Fans – und Liebhaber schriller Touristenfallen. Täglich werden Besucher aus aller Welt durch das Haus gelotst, vorbei an Seinen Anzügen, Seinen Autos und Seinem Jet. An seinem Grab werden Tränen vergossen, das macht 12 Dollar, thank you very much. *3764 Elvis Presley Boulevard. 20 km südöstlich von Downtown, Mo–Sa 9–17, So 10–16 Uhr; Touren ab $ 12*

Memphis Music Hall of Fame
Der (un)bescheidene Anteil der Stadt an der Entstehung des Rock 'n' Roll: Hier ist er mit alten Fotos, Musikaufnahmen und Filmen dokumentiert. Besonders schön: die Replik des legendären P. Wee Saloon an der Beale Street. *97 South 2nd Street, Mo–Sa 10–18, So 12–18 Uhr, Eintritt $ 10*

Sun Studio
Wiege des Rock 'n' Roll: 1954 hörte Studiobesitzer Sam Philipps einen jungen weißen LKW-Fahrer in der Aufnahmepause singen wie ein Schwarzer. Das Stück hieß »That's alright«, der schüchterne Junge Elvis Presley. Der Rest ist Geschichte. Touren durch die winzigen, noch immer genutzten Räume erinnern an die Sternstunden der Popmusik. *706 Union Avenue, www.sunstudio.com, Eintritt $ 9,50*

MUSEEN

Mississippi River Museum
Alle Bootstypen, die jemals auf dem Mississippi unterwegs waren, alles über den Weg des Blues von den Plantagen bis nach Memphis und noch mehr Kulturgeschichte. *Mud Island River Park, 125 North Front Street, tgl. 10–20 Uhr, Eintritt $ 8*

The National Civil Rights Museum

Ergreifend und nichts für sanfte Gemüter, dennoch ein Muss in Memphis: Das Museum erzählt die Geschichte der Bürgerrechtsbewegung mit Zeitdokumenten und interaktiven Ausstellungen. Untergebracht ist es im ehemaligen Lorraine Motel. 1968 wurde Martin Luther King jr. hier erschossen. *450 Mulberry Street, www.civilrights-museum.org, Juni bis Aug. Mo–Sa 9–18, So 13–18, sonst Mo–Sa 9–17, So 13–17 Uhr, Eintritt $ 11*

ESSEN & TRINKEN

Little Pigs BBQ

Schwein vom Grill, zwischen Weißbrotscheiben geklemmt. Auch *ribs & Co. 671 South Highland Street, Tel. 901/323 94 33, €–€€*

Rendezvous

Viel Platz für BBQ-Süchtige, Spezialität: *ribs, ribs, ribs*. Die mürrischen Kellner gehören zum Inventar. *52 South Second Street, Tel. 901/523 27 46, €€*

ÜBERNACHTEN

French Quarter Suites Hotel

Angenehmes, kreolisch inspiriertes Suitenhotel. Viel Unterkunft für wenig Geld! *105 Zi., 2144 Madison Avenue, Tel. 901/728 40 00, Fax 728 12 62, €–€€*

AM ABEND

Blues City Café

Pub-Gerichte und jeden Abend Blues und Rhythm and Blues live. *140 Beale Street, Tel. 901/526 36 37*

Rum Boogie Café

Hier spielen Memphis' Lokalmatadore. *182 Beale Street, Tel. 901/528 01 50*

AUSKUNFT

Memphis Convention & Visitors Bureau

47 Union Avenue, Tel. 901/543 53 00, Fax 543 53 50, www.memphistravel.com

MOBILE

[121 D5] 2002 feierte die Hafenstadt am Golf von Mexiko ihren 300. Geburtstag – mit einer 365 Tage dauernden Party. Und feiern kann die Stadt: Der Karneval von Mobile, der Mardi Gras, ist noch älter als der von New Orleans. Auch sonst haben die Franzosen, die 1711 hier eine Niederlassung gründeten und diesen Teil Französisch-Nordamerikas bis 1763 kontrollierten, Spuren hinterlassen: In Mobile nimmt man sich gern Zeit für ein Schwätzchen, und zahlreiche erstklassige Restaurants und Straßencafés signalisieren die – etwas anderen – Prioritäten der Einheimischen.

Während des Bürgerkriegs war der an der tief ins Land reichenden Mobile Bay liegende Hafen heftig umkämpft. Im April 1865 gelang es Unionstruppen schließlich, den Ort zu besetzen. Heute überrascht die quirlige, etwa 200 000 Einwohner zählende Stadt mit breiten Boulevards und einem nach alten Plänen modernisierten Stadtzentrum, wo aller Hektik zum Trotz noch immer das alte Herz des Südens schlägt.

Bragg-Mitchell Mansion

»Vom Winde verweht«-Atmosphäre: Die herrschaftliche, Greek Revival und Renaissance-Elemente geschmackvoll vereinende Residenz ist von alten, moosbehangenen Eichen umgeben und gilt als schönstes Antebellum-Haus der Stadt. 1855 erbaut, war es bis Kriegsausbruch der gesellschaftliche Mittelpunkt der Pflanzeraristokratie. Führungen durch die mit zeitgenössischem Mobiliar dekorierten Räume vermitteln einen Eindruck von Glanz und Gloria des Antebellum. *1906 Spring Hill Avenue, www. braggmitchellmansion.com, Di–Fr 10–16 Uhr, Eintritt $ 5*

Fort Condé

Das mit Schießscharten, Bastionen und in französische Uniformen gekleidetem Personal ausstaffierte Fort Condé ist eine Replik des 1735 fertiggestellten Forts. Von Spanien und England heftig begehrt, wechselte es mehrmals den Besitzer. Ein kleines Museum erzählt seine aufregende Geschichte. *150 South Royal Street, tgl. 8–17 Uhr, Eintritt frei*

USS Alabama Battleship Memorial Park

Der Park an der Mobile Bay östlich der Downtown ist den Veteranen der letzten Kriege gewidmet. Hauptattraktion des Memorial Park ist das Schlachtschiff USS Alabama, das während des Zweiten Weltkriegs im Pazifik eingesetzt wurde. Der Bordalltag der 2500 Mann starken Besatzung erschließt sich auf Touren durch das Innere des grauen Giganten. *2703 Battleship Park-way, www.ussalabama.com, April bis Sept. tgl. 8–18, sonst 8–16 Uhr, Eintritt $ 10*

Oakleigh Period Museum House

Mitten im schönen Oakley Garden District liegt die herrliche, mit Portikus und Säulen ausgestatte Antebellum-Residenz John Ropers. Der prominente Kaufmann stattete die Räume mit wertvollen Gemälden aus, darunter ein Porträt der Madame Le Vert, die damals Queen der High Society von Mobile war. Auf dem Gelände befindet sich das 2001 eröffnete *Mardi Gras Cottage Museum (Di–Sa 9–14.30 Uhr)* mit Karnevalsrequisiten aus drei Jahrhunderten. *350 Oakleigh Place, Di–Sa 9–15 Uhr, Eintritt $ 5*

Brick Pit Barbecue

Das Schild draußen übertreibt nicht: »Welcome to the best damn smoked BBQ in the state of Alabama« steht da geschrieben. *5456 Ol Shell Road, Tel. 251/343 00 01, €€*

Dew Drop Inn

Ältester Diner der Stadt, seit den 1920er-Jahren unverändert. Blumen in Cola-Flaschen und Kellnerinnen, die ihren Gast »precious« nennen. Hamburger, Hot Dogs etc. *1808 Old Shell Road, Tel. 251/ 473 78 72, €*

Admiral Semmes Hotel

Außen pfui, innen hui und frisch renoviert: Das zentral gelegene Hotel besticht mit eleganter Lobby und stilvoll eingerichteten Zimmern. *170 Zi., 251 Government Street, www.radisson.com/mobile al, Tel. 251/432 80 00, Fax 405 59 41, €–€€*

Best Western Battleship Inn

Preiswert schlafen mit Blick auf die USS Alabama. *98 Zi., 2701 Battleship Parkway, Tel. 251/432 27 03, Fax 432 61 11, €–€€*

Malaga Inn

Zwei hübsche, um einen Garten herumgebaute Stadthäuser von 1862. Im *historic district. 40 Zi., 359 Church Street, Tel. 251/ 438 47 01, Fax 304 05 80, €–€€*

AUSKUNFT

Mobile Convention & Visitors Corporation

One Water Street, Tel. 251/ 208 20 00, Fax 208 20 60, www. mobile.org

MONTGOMERY

[121 E4] Alabamas Hauptstadt (200 000 Ew.) hat seit ihrer Gründung 1817 alle Probleme der Südstaaten miterlebt. Während der ersten drei Monate des Bürgerkriegs war das Handels- und Importzentrum die Hauptstadt der Konföderierten. Im Kapitol wurde Jefferson Davies als Präsident vereidigt, unweit davon residierte er im Weißen Haus der Südstaatenrepublik. 100 Jahre später weigerte sich Rosa Parks, ihren Platz im Bus für einen Weißen zu räumen und brachte damit die Bürgerrechtsbewegung ins Rollen.

SEHENSWERTES

Alabama State Capitol

Im Februar 1861 traf Jefferson Davis in Montgomery ein und trat umgehend sein Amt an. Ein Stern unter dem westlichen Portikus markiert die Stelle, wo er auf das Präsidentenamt eingeschworen wurde. Das 1851 im Greek-Revival-Stil erbaute Gebäude mit der 30 m hohen Kuppel ist heute Sitz der Regierung des Bundesstaats Alabama. *Capitol Hill, Mo–Fr 9–17, Sa 9–16 Uhr*

Dexter Avenue King Memorial Baptist Church

1955/56 war die kleine Kirche an der Dexter Avenue die Schaltzentrale während des *Montgomery Bus Boycott:* Die Schwarzen der Stadt protestierten gegen die Rassentrennung in den Bussen. Fast ein Jahr lang blieben die Busse leer. Während dieser Zeit schälte sich der Reverend der Kirche, Martin Luther King jr., als Führer der Bürgerrechtsbewegung heraus. *454 Dexter Avenue, geführte Touren Mo–Do 10 und 14, Fr 10, Sa 10 bis 14 Uhr*

Rosa Parks Library and Museum (TSUM)

Die Weigerung der Näherin Rosa Parks, ihren Sitzplatz im Bus einem Weißen zu überlassen, löste 1955 den Montgomery Bus Boycott aus, der seinerseits als Initialzündung der Bürgerrechtsbewegung gilt. Das Museum zeigt ein Modell des Busses und bewegende Filmdokumente aus jener Zeit. *252 Montgomery Street, www.tsum.edu, Mo–Fr 9 –17, Sa 9–15 Uhr, Eintritt $ 5,50*

ESSEN & TRINKEN

Corsino's

Der Italiener vor Ort: Gradlinige italienische Küche, mittags zum Platzen voll. *911 Court Street, Tel. 334/263 97 52,* €€

ÜBERNACHTEN

Red Bluff Cottage

Hübsches B&B hoch über dem Alabama River im historischen *Cottage Hill District.* Das Haus ist mit wertvollen Antiquitäten geschmackvoll eingerichtet. *6 Zi., 551 Clay Street, Tel. 334/264 00 56, Fax 263 30 54, www.redbluffcottage.com,* €€

AUSKUNFT

Montgomery Area Chamber of Commerce

300 Water Street, Tel. 334/261 11 00, www.visitingmontgomery.com

NASHVILLE

[121 E1] Nashville (570 000) und Country Music sind so unzertrennlich wie der Eiffelturm und Paris. Garth Brooks, Martina McBride, Shania Twain und die Dixie Chicks, sie alle produzieren in Nashville, der »Music City« – und fahren Umsätze ein, von denen Elton John und andere Großverdiener des Mainstream Pop nur träumen können. Täglich wird die Stadt am Cumberland River von Busladungen countryverrückter Touristen in karierten Hemden, Jeans und Cowboystiefeln überschwemmt. Stilgerecht gekleidet geht es dann in die Grand Ol' Opry, wo von Tanya Tucker über Dolly Parton bis LeAnn Rimes alles gesungen hat, was in der Volksmusik des weißen Amerika Rang und Namen hat. Die Grand Ol' Opry, eine populäre Radioshow, sendete erstmals 1927, und die Interpreten mussten sich zu den Sendeterminen am Wochenende bereithalten – bald umkreisten Talente die Stadt wie Motten das Licht. Nashvilles traditionell liberale Atmosphäre half mit: Schüler und Studenten prägen das Bild. 1779 als Fort Nashborough gegründet, ließ der rege Handel auf dem Fluss den Ort rapide wachsen. Im Bürgerkrieg sah die Stadt blutige Schlachten vor ihren Toren, danach erholte sie sich dank ihrer strategisch günstigen Lage schnell. Heute vergisst man leicht, dass Nashville auch die Hauptstadt Tennessees ist. Mit 16 Colleges und Universitäten, ganz oben mitspielenden Football- und Eishockeymannschaften und guten Restaurants gehört Nashville zu den kulturellen Zentren Nordamerikas.

SEHENSWERTES

Country Music Hall of Fame

★ 2001 von der Music Row in den 37-Mio.-Dollar-Bau gezogen, ist dies der heilige Gral der Countryfans. Jeans, Gürtelschnallen und Stiefel von Loretta Lynn, Tex Ritter und Patsy Cline, einer von Elvis' Cadillacs, Videoschirme und Ausstellungen zur Geschichte dieser Musik verwandeln den Besuch in einen Spaziergang durch die amerikanische Seele. *222 5th Avenue South, www.countrymusichalloffame.com, tgl. 9–17 Uhr, Eintritt $ 15,95*

MUSEUM

Tennessee State Museum

Von den Überfällen der Chickamauga und Cherokee unter ihrem Kriegshäuptling Dragging Canoe über den Pfadfinder Davy Crockett und Kriegshelden wie Andrew Jackson und Sam Houston bis zur Gegenwart: Die ausgezeichneten Ausstellungen lohnen die Pause von der Musik. *505 Deaderick Street, www.tnmuseum.org, Di–Sa 10–17, So 13–17 Uhr, Eintritt frei*

ESSEN & TRINKEN

Sunset Grill

Innovative Küche mit mediterranen und kreolischen Einsprengseln. Hangout der Country-Music-Szene. *2001 Belcourt Avenue, Tel. 615/ 386 36 63, kein Ruhetag, €€*

Whitt's

Wiederholt von der Lokalpresse zum besten BBQ-Restaurant der Region gewählt. *5310 Harding Pike, Tel. 615/356 34 35, kein Ruhetag, €€€*

ÜBERNACHTEN

End o' the Bend Lodge and Landing

Fester schlafen in gemütlichem Blockhaus. Nettes B&B unweit Opryland. *2 Zi., 2523 Miami Avenue, Tel. 615/83 09 97, €€€€*

Opryland Hotel

Gehört zu den 25 größten Hotels der Welt. Mit Wasserfall, Pool und Konzerthalle. *2900 Zi., 2800 Opryland Drive, Tel. 615/889 10 00, Fax 871 57 28, www.gaylordopryland.com, €€€*

It's finger picking good – und die Kappe sorgt für einen kühlen Kopf

AM ABEND

Grand Ol' Opry

★ An Freitag- und Samstagabenden wird hier Nashvilles legendäre Radioshow produziert. Auf der Bühne stehen altgediente Lokalmatadore neben Veteranen wie Reba McIntyre und hoffnungsvollen Newcomern. Am besten telefonisch und weit im Voraus bestellen. *2802 Opryland Drive, Tel. 615/871 07 79, $ 20, www.opry.com*

AUSKUNFT

Nashville Convention & Visitor Bureau

211 Commerce Street, Suite 100, Tel. 615/2594700, www.nashvillecvb.com

Deep down in Dixie

**Die Langsamkeit entdecken – und das Lotterleben:
Am Mississippi ist alles möglich**

Im ländlichen Mississippi entspricht der Alte Süden seinem Klischee am ehesten. Sobald man die I-55 verlässt, kommt man dort an. Dort, das sind verschlafene Nester mit verwunschenen alten Residenzen unter ausladenden Magnolien. Das sind lauschige Gärten, in denen Nachbarn sich zum BBQ treffen und den neuesten Klatsch austauschen. Sind eben jene *front porches,* die man aus Filmen wie »In der Hitze der Nacht« kennt und wo die Einheimischen vor Fliegengittertüren über zwei Themen besonders gern reden: die Vergangenheit und den Verlust von Sitte und Anstand. Die alten Zeiten, sie leben fort. Vor allem – so morbid das auch klingt – auf den Friedhöfen, wo frische Blumen noch immer so regelmäßig vor konföderierte Reiterstandbilder gelegt werden, als sei der Krieg erst gestern zu Ende gegangen. Altes wird getreulich bewahrt. Die Antebellum-Residenz, die nun für Touristen restauriert wird ebenso wie die Geschichte vom Nachbarsjungen Billy-Bob – wie er damals um die Hand von An-

Im Museumsdorf Vermilionville

na-Mae anhielt und dabei aus dem Schaukelstuhl fiel.

Das feuchte, subtropische Klima tut ein übriges, um die Geschwindigkeit zu verlangsamen. Schritttempo wäre angemessen – so würde man die vielen Geschichten am besten auffangen. Allzu schnell geht es ohnehin nicht vorwärts, nicht einmal auf dem Natchez Trace Parkway, der an herrlichen Antebellum-Residenzen vorbeiführt und durch weite Felder, wo außer Baumwolle jetzt auch Mais und Reis angebaut werden. Stadt- und Straßennamen am Golf verraten: Hier gaben Spanier, Franzosen, Engländer und Amerikaner ihre Visitenkarte ab. Hier, und natürlich drüben in Louisiana. Ah, Louisiana! Dieser Staat ist anders als alles, was die

*New Orleans: reich
verzierte Balkone mit Blick
auf die Bourbon Street*

Das Louisana State Capitol in Baton Rouge

USA sonst zu bieten haben. Pelikane und Alligatoren in den Zypressensümpfen des Mississippidelta! Menschen, deren Französisch man beim besten Willen nicht als Sprache Voltaires identifiziert! Gerichte mit sonderbaren Namen wie Gumbo, Andouille, Boudin und Jambalaya, und eine Musik, bei der man nicht still sitzen kann. Und New Orleans, Wiege des Jazz und Louis Armstrongs, *the big easy,* haltlose, laszive Schönheit im Mississippidelta, dessen Menschen nur eines im Sinn zu haben scheinen: Gut zu essen und zu trinken und gute Gastgeber zu sein.

BATON ROUGE

[120 C5] Viele Besitzer hat der Seehafen 130 km nordwestlich von New Orleans gehabt, doch der unamerikanische Name (Roter Stab) blieb. Er stammt – angeblich – von Sieur d'Iberville. Der Frankokanadier kam 1699 hier vorbei. Er bemerkte am Ufer des Mississippi einen mit Tierblut beschmierten Stock, der wohl zwei Indianerstämmen als Grenzmarkierung diente. 1719 gründeten französische Pflanzer die Stadt. 1849 wurde Baton Rouge Hauptstadt des Bundesstaats Louisiana, die längste Zeit des Bürgerkriegs war sie von Unionstruppen besetzt. Heute hat sie 225 000 Einwohner und eine bedeutende petrochemische Industrie.

SEHENSWERTES

Louisiana State Capitol

Allein der Blick vom 27. Stockwerk auf den Ol' Man River lohnt den Besuch. 1932 wurde der einem Sowjetgebäude nicht unähnliche Bau fertig gestellt, im Auftrag von Gouverneur Huey Long, dem man Verbindungen zur Mafia wohl nachsagte, aber niemals nachwies.

Feinde hatte der streitbare Politiker genug: 1935 wurde er auf der Freitreppe zum Kapitol erschossen. Statuen, Wandmalereien und ein gutes Besucherzentrum runden die Stippvisite ab. *State Capitol Drive, tgl. 9–16 Uhr, Eintritt frei*

ESSEN & TRINKEN

Juban's
Fein abgestimmte kreolische Küche in einem hübschen Innenhof. *3739 Perkins Road, Tel. 225/346 84 22, kein Ruhetag, €€*

ÜBERNACHTEN

Best Western Chateau Louisiane
Erschwinglich, das einzige Boutiquehotel der Stadt. *50 Suiten, 710 North Lobdell Avenue, Tel. 225/ 927 67 00, Fax 664 85 00, €€*

AM ABEND

Argosy Casino
Lady Luck auf dem großen Fluss: Kasino, Restaurant und Livebands auf einem umgebauten Mississippi-dampfer. *Catfish Town, am Ende des South Boulevard*

AUSKUNFT

Baton Rouge Area Convention and Visitor Bureau
730 North Boulevard, Tel. 225/ 383 18 25, Fax 346 12 53, www. bracvb.com

BILOXI

[121 D5] Hübsche Kolonialarchitektur, Strände und angenehme Temperaturen machen das Städtchen (50 000 Ew.) an der Golfküste trotz wuchernder Kettenhotels und Kasinos zu einem angenehmen Stopover. Die ersten französischen Siedler kamen bereits um 1700. 1720–22 war Biloxi Hauptstadt Louisianas, und heute steht der Mardi Gras der Stadt dem weltberühmten Karneval von New Orleans an Farbenpracht kaum nach. Schläfrige Südstaatenatmosphäre findet sich allerdings nur noch in der Altstadt Vieux-Marché. Die

MARCO POLO Highlights
»Mississippi & Louisiana«

★ **Mardi Gras & Jazz Museum**
Alles, was New Orleans ausmacht – für Besucher, die es eilig haben (Seite 88)

★ **Bourbon Street**
Nicht nur Jazz-Clubs machen den Reiz der Amüsiermeile aus (Seite 89)

★ **Cajun Country**
Das von Nachfahren französischer Kolonisten bewohnte Land am Mississippidelta (Seite 81)

★ **Annie Miller's Son's Swamp & Marsh Tours**
Mit dem Boot durch die Sümpfe (Seite 83)

neuen Kasinos am Beach Boulevard bringen jede Menge Action.

SEHENSWERTES

 Beauvoir Jefferson Davis Home and Presidential Library

10 km außerhalb steht das bescheidene Haus, in dem Jefferson Davis die letzten Lebensjahre verbrachte. Ein liebevoll hergerichteter, mit persönlichen Gegenständen und interessanten Informationen ausgestatteter Schrein für Südstaatennostalgiker. *2244 Beach Boulevard, www.beauvoir.org, tgl. März–Okt. 9–17, Nov.–Feb. 9–16 Uhr, Eintritt $ 7,50*

MUSEUM

Mardi Gras Museum
Untergebracht im Magnolia Hotel, einer historischen Herberge im Pflanzerstil, zeigt das kleine Museum farbenfrohe Karneval-Regalia aus drei Jahrhunderten. *119 Rue Magnolia, Mo–Sa 11–16 Uhr, Eintritt $ 2*

ESSEN & TRINKEN

Mahoney's
Das beste Seafoodlokal der Golfküste liegt in einem stimmungsvollen Gemäuer von 1737. *116 Rue Magnolia, Tel. 228/374 01 63, So geschl., €€*

ÜBERNACHTEN

Isle of Capri Casino Crowne Plaza
Große Zimmer, zum Teil mit Blick aufs Meer. Mit Kasinos im Erdgeschoss. *370 Zi., 151 Beach Boulevard, Tel. 228/435 54 00, Fax 436 78 34, www.isleofcapricasinos.com, €€*

Acadiens – Cadiens – Cajuns

Der Name geht auf das alte französische Siedlungsgebiet Acadie zurück

Französische Bauernpioniere ließen sich zu Beginn des 17. Jhs. im heute kanadischen Nova Scotia nieder und gründeten unabhängige Gemeinwesen. Sieben Generationen später gerieten sie, zu einem Volk zusammengewachsen und sich »Acadiens« nennend, den damaligen Supermächten Frankreich und England in die Quere. 1755 wurde ihr Schicksalsjahr: Weil sie sich weigerten, den Treueschwur auf die britische Krone zu leisten, befahl diese kurzerhand die Deportation der gesamten akadischen Bevölkerung. Ihre Dörfer wurden verbrannt, rund 10 000 Männer, Frauen und Kinder auf Schiffe getrieben und nach Frankreich und Neuengland verschifft. Familien wurden zerrissen, Freunde getrennt. Einigen Hundert gelang die Flucht ins spanische Louisiana. In den unzugänglichen Sümpfen des Mississippidelta, auf Land, das niemand haben wollte, lebten sie als Fischer, Jäger und Bauern und bewahrten ihre Sprache und Kultur bis heute.

Mississippi Gulfcoast Convention and Visitors Center

135 Courthouse Road, Gulfport, Tel. 228/896 66 99, www.gulf coast.org

CAJUN COUNTRY

[120 A–C 5–6] ★ Fast der ganze südliche Teil Louisianas ist Cajun Country. Hier heißen die Menschen Thibodeaux, Cheramie und Blanchard, hier ist die Küche der soziale Mittelpunkt. Die lauen Abende verbringt man in geselliger Runde im Garten, rund um den Gumbotopf. Die Älteren sprechen Französisch, die Jüngeren breitestes Südstaatenenglisch, versetzt mit altfranzösischen Ausdrücken. Wer auf dem Highway 90 in die Sümpfe südwestlich von New Orleans fährt, betritt eine Welt jenseits von Mainstream Amerika.

Cajun Country – offiziell Acadiana genannt und aus 22 Bezirken bestehend – ist die Heimat von 1 Mio. französischstämmiger Amerikaner, die sich Cajuns nennen. Ihre Dörfer und Kleinstädte sind kleine Schmuckstücke, mit schönen alten Häusern und Kirchen an stillen Bayous und Restaurants, die man am liebsten nicht mehr verlassen möchte. Und immer wieder: herrliche Antebellumresidenzen, oft mit Filmerfahrung. Einen Fahrplan braucht man hier nicht. Rührend-besorgte Gastgeber weisen den Weg, verraten Termine bevorstehender Feten, Feste und Konzerte. Sich planlos treiben lassen – das ist die beste Art, Cajun Country zu erleben!

Oak Alley Plantation [120 B6] *Insider Tipp*

Eine Allee zu Beginn des 18. Jhs. gepflanzter Eichen, die sich wie ein Gewölbe über dem Besucher schließen, gaben dieser herrlichen, 1839 gebauten Pflanzerresidenz ihren Namen. Die Plantage bei Vacherie spielte auch schon in mehreren Filmen mit: Zuletzt war sie in »Interview mit einem Vampir« zu sehen. *3645 Highway 18, www.oakalley plantation.com, tgl. März–Okt. 9 bis 17.30, sonst 9–17 Uhr; Eintritt $ 10*

Prairie Acadian Cultural Center [120 B5]

Dieses hübsche Kulturzentrum in Eunice (12 000 Ew.) bringt die Geschichte und den Alltag der so genannten *Prärie Cajuns* näher. *250 West Park Avenue, Di–Fr 8–17, Sa 8–18 Uhr, Eintritt frei*

St. Martinville [120 B6] *Insider Tipp*

Das hübsche Städtchen (7100 Ew.) unweit von New Iberia war einst das »Petit Paris« Louisianas: Französische Adlige, die es auf der Flucht vor der Revolution hierher verschlagen hatte, feierten rauschende Bälle in stilgerechten Häusern. St. Martinville ist jedoch vor allem bekannt wegen einer Liebesgeschichte. Emmeline Labiche und Louis Arcenaux verloren einander während der Deportation 1755 aus den Augen. Erst viele Jahre später fanden sie sich wieder – unter der so genannten Évangéline Oak in St. Martinville. Aber es war zu spät: Louis lag im Sterben. Das tragische Ende inspirierte Henry Wadsworth Longfellow (1807–82) zu dem berühmten Gedicht »Évan-

In Cajun Country gibt es natürlich auch Cajun Restaurants

géline«. Im Kirchgarten von St. Martin de Tours erinnert eine Statue an die Liebenden. In der Nähe befindet sich das Grab von Emmeline Labiche.

Übernachten können Sie im *Old Castillo Hotel,* einem geschichtsträchtigen Haus am Bayou Teche. *5 Zi., 220 Évangéline Boulevard, Tel. 337/394 40 10, Fax 394 79 83, www.oldcastillo.com, € – €€*

Shadows-on-the-Teche [120 B6]
Lädt zum Träumen ein: Eine der fotogensten Antebellum-Residenzen des Südens, gebaut 1834. Die Villa war einst auch Urlaubsdomizil legendärer Filmproduzenten wie Cecil B. deMille. *New Iberia, 317 East Main Street, tgl. 9–16.30 Uhr, Eintritt $ 7*

Wetlands Acadian Cultural Center [120 C6]
Das modernen Kulturzentrum in Thibodaux (15 000 Ew.) ist der oft dramatischen Geschichte und der einzigartigen Kultur der Cajuns in den Sümpfen gewidmet. *314 St. Marys Street, Mo 9–20, Di–Do 9–18, Fr–So 9–17 Uhr*

MUSEEN

Acadian Museum [120 C6]
Herrlich chaotisch, dabei ungemein informativ: Wer wusste, dass auch in Madonnas Adern Cajun-Blut fließt? Das winzige Museum liegt in *Erath, 203 South Broadway, tgl. 13–16 Uhr, Eintritt frei, aber kleine Spende erbeten*

Vermilionville [120 B5]
Das hübsche Museumsdorf mit Cajun- und Kreolenhäusern befindet sich im Städtchen *Lafayette* (95 000 Ew.). Fachkundiges, kostümiertes Personal, Spezialitätenrestaurant. *300 Fisher Road, www.vermilionville.org, Di–So 10–16 Uhr, Eintritt $ 8*

ESSEN & TRINKEN

Café des Amis [120 B6]

Künstlertreff und traditionelle Cajun-Küche mit innovativem Twist. *Breaux Bridge, 140 East Bridge Street, Tel. 337/332 52 73, www. cafedesamis.com, kein Ruhetag, €€*

Bayou Delight Restaurant [120 C6]

Gumbos und Jambalaya, dazu Livemusik von Cajunbands und jede Menge Lokalkolorit. *4038 Highway 182, westlich von Houma, Tel. 985/876 48 79, Mo geschl., €*

Prejean's [120 B5]

Seit langem *die* Adresse in Lafayette (100 000 Ew.). Traditionelle Cajun-Gerichte in großen Essstuben. Livemusik. *3480 Highway 167 North, Tel. 337/896 32 47, kein Ruhetag, €€–€€€*

SUMPFTOUREN

Annie Miller's Son's Swamp & Marsh Tours [120 C6]

★ Die legendäre Alligator Annie ist inzwischen zwar gestorben, doch die Sumpftouren zu ihren Lieblingen laufen unter ihrem Sohn weiter. *3718 Southdown Mandalay Road, Houma, www.annie-miller. com, Treffpunkt Bayou Delight Restaurant, Tel. 985/868 47 58, $ 16*

A Cajun Man's Swamp Cruise [120 C6]

Die klassische Swamp Tour, geführt von urigen Cajun-Guides. *Antill Lane, 16 km westlich von Houma am Bayou Black, Highway 182, Tel. 985/868 46 25. Trips Mo 14, Di–Sa 10 und 14 Uhr, Ticket $ 15*

CAJUN MUSIC

Fred's Lounge [120 C6]

Eine Institution: KVPI Radio überträgt jeden Samstag von 9–13 Uhr Cajunmusik live aus dieser Kneipe in *Mamou. 420 6th Street, Tel. 337/468 54 11*

Liberty Theater [120 B5]

Die Grand Ol' Opry der Cajun Music in Eunice. Jeden Samstagabend zwischen 18 und 19.30 Uhr spielen hier die besten Cajunbands Louisianas, live vom Radio übertragen. *2nd Street und Park Avenue, Tel. 318/457 65 77, www.eunice-la.com/libertyschedule.html, Ticket $ 5*

Savoy Music Center [120 B5] *Insider Tipp*

Marc Savoy baut nicht nur Akkordeons, sondern veranstaltet jeden Samstagmorgen von 9 bis 12 Uhr eine Jamsession, an der jeder, der ein Instrument spielen kann (und sich mitzumachen traut), teilnehmen darf. *Eunice, Highway 190 East, Tel. 337/457 95 63, www.eunice-la.com/interest.html*

ÜBERNACHTEN

Fairfield Inn by Marriott [120 C6]

Angenehmes Hotel der Preiswert-Marke von Marriott. *79 Zi., Houma, 1530 Martin Luther King jr. Boulevard, Tel. 985/580 10 50, Fax 580 10 50, www.fairfieldinn.com, €–€€*

Maison des Amis B&B [120 B6]

Romantisches Holzhaus am Bayou Teche in Breaux Bridge. *4 Zi., 14 East Bridge Street, Tel. 337/ 332 52 73, kein Fax, €€*

NATCHEZ

AUSKUNFT

Louisiana Office of Tourism
*PO Box 94291, Baton Rouge, LA
70804-9291, Tel. 225/342 81 00,
www.louisianatravel.com*

NATCHEZ

[120 B4] Die im äußersten Südwesten Mississippis liegende Kleinstadt (20 000 Ew.) ist ein architektonisches Kleinod. Vom Bürgerkrieg unberührt und danach in Dornröschenschlaf versunken, haben sich in und um Natchez über 500 Antebellum-Häuser erhalten. Prachtvolle *mansions* und repräsentative öffentliche Gebäude erinnern an die Blütezeit zwischen 1810 und 1860, als die umliegenden Baumwollplantagen Wohlstand brachten und die Mississippidampfer aus New Orleans Geschäftsleute, Baumwollbarone, Künstler und Glücksritter absetzten. Die Ureinwohner waren da schon längst Geschichte: Die Franzosen, die Natchez 1716 als Fort Rosalie gründeten, hatten die Natchez-Indianer bereits wenige Jahre später vernichtet. Den Franzosen folgten die Spanier, die Engländer gaben ein kurzes Intermezzo, bis 1798 schließlich die Amerikaner ihr Sternenbanner über dem florierenden Städtchen hissten. Das enge Verhältnis der Menschen im Staat Mississippi zur Vergangenheit ist hier besonders ausgeprägt: Um die historischen Häuser vor dem Zerfall zu bewahren, entwickelten die Damen der Gesellschaft in den 1930er-Jahren die Idee der so genannten *Natchez Pilgrimage:* Pflanzerfamilien öffnen seither dreimal im Jahr ihre Häuser für die Öffentlichkeit, um Geld für deren Erhalt zu sammeln. Eine Handvoll Residenzen ist das ganze Jahr hindurch zu besichtigen.

Baumwolle begründete einst den Wohlstand der Südstaaten

Dunleith

Die in ein B§B verwandelte Pflanzerresidenz von 1856 mit den ungewöhnlichen, umlaufenden Säulengalerien wartet mit wertvollen französischen Tapeten und Gemälden auf. *84 Homochitto Street, www.dunleithplantation.com, Mo bis Sa 9–16.30, So 12.30–16.30 Uhr, Eintritt $ 7*

Grand Village of the Natchez Indians

Reste ihrer Zeremonialhügel, die so genannten Mounds, sind alles, was von dem einst mächtigen Stamm der Natchez-Indianer übrig geblieben ist. Die um 1700 den Mississippi stromabwärts segelnden Franzosen waren noch einer kulturell hochstehenden Agrargesellschaft begegnet. 1729 führten Missverständnisse und die Ränkespiele englischer Agenten zum Krieg, den die Franzosen gewannen. Der zeremonielle und soziale Mittelpunkt der Natchez wird heute von diesem Archäologiepark geschützt. *400 Jefferson Davis Boulevard, www.mdah.state.ms.us/hprop/gvni.html, Mo bis Sa 9–17, So 13.30–17 Uhr*

Magnolia Hall

1858 als letzte der großen Mansions vor dem Bürgerkrieg erbaut, gilt Magnolia Hall mit dem repräsentativen Portikus und den ionischen Säulen als schönstes Beispiel des Greek-Revival-Stils. Eingerichtet mit zeitgenössischem Mobiliar, wartet im zweiten Stock das *Natchez Doll & Costume Museum* mit viktorianischen Kleidern. *215 South Pearl Street, geführte Touren tgl. 9–16.30 Uhr, Ticket $ 7*

Natchez under the Hill

Das einstmals verrufene Rotlichtviertel am Flussufer ist heute ein beliebtes Ziel von Touristen, die hier einkaufen, Mississippi-Atmosphäre schnuppern und im Kasino, das in einem alten Schaufelraddampfer untergebracht wurde, ihre Dollars verjubeln. Die alten Hafengebäude wurden in Fernsehproduktionen wie »Nord und Süd« und »Huckleberry Finn« als Kulissen benutzt.

Rosalie

Um das Jahr 1820 für einen reichen Baumwollbaron auf den Mississippi Bluffs errichtet, war die rotziegelige Residenz mit dem weißen Säulenportikus im amerikanischen Bürgerkrieg das Hauptquartier der Unionsgeneräle. *100 Orleans Street, www.rosalie.net*

Cock of the Walk

Hier gibt es Wels, Garnelen und andere Südstaatenspezialitäten. Blick auf den großen Fluss. *15 Silver Street, Tel. 601/446 89 20, kein Ruhetag, €€*

The Pig Out Inn Barbeque

»Pig out« heißt so viel wie »sich vollfressen«: Willkommen im besten, für seine Megaportionen berüchtigten BBQ-Restaurant der Umgebung. *116 Canal Street, Tel. 601/442 80 50, kein Ruhetag, €*

The Briars Inn

Eins der schönsten B&B's im Süden: Das 1818 im Federal Style erbaute Anwesen mit Blick über den Mississippi nach Louisiana war das Elternhaus Varina Howells, der späteren First Lady der Konföderation. *15 Zi., 31 Irving Lane, Tel. 601/ 446 96 54, Fax 445 60 37, www. thebriarsinn.com, €€€*

Natchez Eola

Das 1927 eröffnete Grand Hotel im historischen Stadtzentrum verfügt über Zimmer mit herrlichem Blick auf den Ol' Man River. *131 Zi., 110 Pearl Street, Tel. 601/445 60 00, Fax 446 53 10, www.natchezeola. com, €€*

AUSKUNFT

Natchez Convention and Visitors Bureau

640 Canal Street, Tel. 601/ 446 63 45, Fax 442 08 14, www. natchez.ms.us

ZIELE IN DER UMGEBUNG

Emerald Mound   [120 B4]

Der Mound 15 km von Natchez diente bis zum 17. Jh. als Zeremonialhügel der Natchez-Indianer. Mit über 10 m ist er einer der größten dieser alten Mississippikultur und kann auf Fußwegen bestiegen werden. *Natchez Parkway, Exit Route 553, den Schildern folgen*

Natchez Trace Parkway   [120 A–B4]

Selten schlugen die weißen Pioniere selbst Straßen durch die Wildnis. Vielmehr folgten sie bewährten, jahrtausendealten Handelsrouten der Indianer. Eine dieser Routen ist der Natchez Trace. Mehr als 8000 Jahre lang von den Chickasaw und ihren Vorfahren benutzt, verband er den Südwesten des heutigen Mississippi mit der 710 km nordöstlich liegenden Gegend um Nashville. Später nutzten ihn Siedler, Postreiter und Militär. 1938 wurde der parallel verlaufende, zweispurige Natchez Trace Parkway eröffnet. Er verbindet Natchez mit Nashville und führt durch aufregende Kapitel amerikanischer Geschichte. *Historic Marker, Nature Trails* und kleine Ausstellungen machen am Straßenrand auf historisch bedeutsame Ereignisse aufmerksam. Mileposts geben, von Natchez ausgehend, die Entfernung an. Auskunft: *Natchez Trace Parkway, Tel. 662/680 40 22, www.nps.gov/natr*

NEW ORLEANS

Karte in der hinteren Umschlagklappe

[120 C6] An der Tür des Old Absinthe House schmeichelt ein Hinweis den Damen und lockt die Herren: »Durch dieses Portal schreiten die schönsten Frauen der Welt.« Symptomatisch für die Schöne des Mississippideltas. New Orleans ist ein Magnet, ein Inbegriff für Spaß und Lebensfreude. Touristen aus aller Welt kommen hierher, auch, um endlich einmal im Original die Musik zu hören, die bei ihnen daheim nur aus der Konserve kommt.

New Orleans ist die am wenigsten amerikanische Stadt der USA. Sie aber europäisch zu nennen, wäre trotz der französischen Vergangenheit töricht. Dies ist ein echter Schmelztiegel, hier begegnet man Afrika, der Karibik, Europa und dem neuen Amerika.

New Orleans wurde 1718 als französische Kolonie gegründet.

Was diese Hotelgäste im French Quarter wohl so interessiert betrachten?

Die ersten Siedler waren entlassene Strafgefangene, Schmuggler und Damen der Nacht. Von 1763 an regierte Spanien. Spanische und französische Siedler kamen gut miteinander aus, nannten sich, so wie in der Karibik, *creole* für »einheimisch«. Gegen den fernen Escorial rebellierten sie gemeinsam. 1769 kam es in New Orleans zum ersten antikolonialen Aufstand in Nordamerika, den das spanische Königshaus von Don Alexandro O'Reilly blutig unterdrücken ließ. 1800 musste Spanien die Stadt wieder an Frankreich abgeben, drei Jahre später wurde das Sternenbanner gehisst. *Kaintocks* – Yankees, aus der Sicht der Kreolen allesamt aus Kentucky – regierten fortan. Vom Hafen, vom Erdöl, von Finanzgeschäften und vom Tourismus lebt die etwa 500 000 Einwohner zählende Stadt heute und hat es geschafft, wohlhabend zu bleiben, ohne dabei ihr Aussehen völlig zu verändern. Als die *Kaintocks* eine Autobahn durchs *French Quarter* bauen wollten, siegte der kreolische Widerstandsgeist, einer der seltenen Fälle in Amerika, wo dem vermeintlichen Fortschritt widerstanden wurde.

SEHENSWERTES

Audoubon Aquarium of the Americas [U D5]

Insider Tipp

Wer sich selbst oder seinen Kleinen ein unvergessliches Erlebnis verschaffen will, muss unbedingt bei den rund 70 000 Meeresbewohnern vorbeischauen. *Tgl. 9.30–18 Uhr, Ende Canal Street am Mississippi, www.auduboninstitute.org/aoa, Eintritt ab $ 15*

French Quarter/Vieux Carré

Dieses Viertel ist das Herz von New Orleans und durchaus ziellos zu erwandern, denn es ist kleiner und kompakter, als es auf den ersten Blick scheint. Schmiedeeiserne Balkongitter, von tropischen Blumen überwucherte Stuckwände, hohe Mauern und Innenhöfe geben genügend Orientierung: Wo sie enden, endet auch das Viertel zwischen *Canal Street, Esplanade Avenue, Louis Armstrong Park* und *Mississippi.*

Ein zentral gelegener Platz ist der *Jackson Square* **[U D–E3]** mit der spanischen Kolonialstilarchitektur des ausgehenden 18. Jhs.; die ursprünglichen französischen Häuser wurden durch die großen Brände von 1788 und 1794 zerstört. Der Platz mit der Gartenanlage und den breiten Bürgersteigen an drei Seiten bietet sich als Startpunkt an – mit *café au lait* und *beignets* zum Frühstück. Zu jeder Jahreszeit herrscht Karnevalsstimmung in den Straßen – Straßenmusikanten, Künstler und Artisten sorgen dafür.

Nordwestlich des Jackson Square steht die fotogene, 1794 geweihte *St. Louis Cathedral* **[U D2–3]**, die dritte Kirche an dieser Stelle und das Pilgerziel der Katholiken in dieser katholischsten Stadt der USA: halb romanisch, halb barock mit drei Türmen und einem *Cathedral Garden.* Das Gebäude nebenan mit dem großartigen Balkon ist der *Cabildo* **[U D3]**, ehemals Sitz der spanischen Regierung und heute Ausstellungshalle. In den Straßen *St. Peter* und *St. Ann* sind die dreistöckigen *Pontalba Buildings* **[U D–E 3–2]** bemerkenswert, Wohn- und Geschäftshäuser von 1850; das Haus *Nr. 523* in der St. Ann Street, kreolische Oberklasse, ist zugänglich *(Di–So 10–17 Uhr, Eintritt $ 5).*

Vom ◀▮▶ *Moon Walk* **[U E3]** aus, einer Holzpromenade jenseits der Decatur Street, sind die Häfen und die Ozeandampfer zu erblicken. Ein paar Schritte zurück liegt der *French Market* **[U E–F2]** von 1720. Der eigentliche Obst- und Gemüsemarkt ist in der *North Peters Street* **[U F2]**, wo am Wochenende auch der *Flohmarkt* stattfindet. Der French Market ist heute voller Restaurants und Geschäfte.

Schön ist die das Viertel begrenzende eichenbestandene *Esplanade Avenue* **[U E–F 1–2]** mit ihren großen Villen. An ihrem Anfang, in der *Old US Mint* **[U F2]**, findet sich das ★ *Mardi Gras & Jazz Museum, 400 Esplanade Avenue, Di–So 9–17 Uhr, Eintritt $ 5,* das neben der Musikgeschichte eine Ausstellung zum Mardi Gras und den Straßenbahnwagen »Desire« von 1906 (nach dem Tennessee Williams das Theaterstück »Endstation Sehnsucht« schrieb) zeigt.

Von den das Viertel von der Esplanade Avenue zur Canal Street durchziehenden Hauptstraßen hat die *Chartres Street* **[U C–F 4–1]** am meisten verloren. Zwei alte Häuser heißen *Napoleon House* **[U D3]**, *Nr. 500* ist heute eine Bar, *Nr. 514* die Reproduktion eines *drugstore,* das hochinteressante *New Orleans Pharmacy Museum,* www.pharmacymuseum.org **[U D3]**, *Di–So 10–17 Uhr, Eintritt $ 5.*

Die *Royal Street* **[U C–F 4–1]** dagegen ist bis auf einen Block die Straße der Mansions und großartigen Geschäftshäuser von einst. Herausragend sind *Nr. 417,* eine *mansion* aus dem frühen 19. Jh., heute das berühmte *Brennan's Restaurant* **[U C3]**, wo sich schon am Morgen Warteschlangen bilden, und *Nr.*

533, das *Merieult House* von 1792 **[U D3]**, in dem die *Historic New Orleans Collection,* *Di–So 10–17 Uhr, Eintritt frei,* mit Ausstellungen zur Stadtgeschichte untergebracht ist. Gegenüber steht die *Maison Seignouret* von 1816.

Wie die Royal Street ist die ★ *Bourbon Street* **[U C–E 4–1]** den größten Teil des Tages für Autos gesperrt. Sie ist die Amüsiermeile voller Bars, Jazzclubs und Nachtlokale. An der *Ecke St. Louis Street* **[U D3]** wird das Vergnügen am intensivsten gesucht. So, wie es zwei Napoleonhäuser gibt, stehen an der *Bourbon Street* gleich zwei *Old Absinthe Houses;* Absinth wird natürlich in keinem der beiden mehr ausgeschenkt. Das Haus in *Nr. 240* **[U C3]** ist das Original aus dem Jahr 1806, jenes in *Nr. 400* übernahm den Namen, als es die Bareinrichtung des anderen während der Prohibition kaufte. In der Gegend der Bars können Sie sich noch zwei schöne alte Häuser ansehen: das *Hermann-Grima House* von 1831, vom Stil her müsste es eigentlich in Georgia stehen, in *Nr. 820, St. Louis Street,* und die *Casa Hove* aus dem Jahr 1740, heute eine Parfümerie, in *Nr. 723, Toulouse Street* **[U D2–3]**.

FLUSSFAHRTEN

Den Mississippi und verbindende Wasserstraßen hinauf fährt die »Natchez«, (fast) ein echter Schaufelraddampfer. Durch die *bayous* bis nach *Baratoria,* dem Versteck des Piraten Jean Lafitte, fährt die »Bayou Jean Lafitte«. Anleger für beide: *Toulouse Street Wharf unterhalb des Jackson Square* **[U E3]**, »Natchez« dreimal tgl., *$ 18,50–30*; »Bayou Jean Lafitte« tgl. 11 Uhr, *$ 35.* Kostenlos ist die Fähre *Canal Street Ferry* von der Canal Street zum Algiers Point am anderen Ufer des Mississippi: eine ungefähr 20

Masken im Mardi Gras Museum von New Orleans

Mississippidampfer fahren heute für Touristen

Minuten dauernde, interessante Flussfahrt auf dem Ol' Man River.

ESSEN & TRINKEN

Acme Oyster House

Austern auf Marmortresen, beliebt bei Polizisten, und die wissen Bescheid. Besonderer Service für Austernfans weltweit: Per Webcam *Oyster Cam* dürfen sie ihren Schalentieren immer nahe sein. *724 Iberville Street, Tel. 504/522 59 73, www.acmeoyster.com, kein Ruhetag,* €

Antoine's

New Orleans' bekanntestes Restaurant. Französisch-kreolische Gerichte im großen »Old World«-Speisesaal. *713 Rue St. Louis, Tel. 504/581 44 22, So geschl.,* €€ – €€€

Café du Monde

Beignets und *café au lait*. Das Café du Monde ist sehr, sehr beliebt bei den Einheimischen, besonders zum Frühstück. *800 Decatur Street, kein Ruhetag*

K-Paul's Louisiana Kitchen

Keine Reservierung möglich, lange Warteschlangen. Was ist los? Die innovative Cajun-Fischküche des berühmten Kochs Paul Prudhomme bittet zu Tisch. *416 Chartres Street, Tel. 504/524 73 94, www.kpauls. com, So geschl.,* €€€

Patout's Cajun Cabin

Ein populärer Ort für *people watching* und *cajun cuisine.* Immer voll! *501 Bourbon Street, Tel. 504/529 42 56, kein Ruhetag,* €€

Peristyle

Gemütliches kleines Restaurant mit einem ideenreichen Chef, Spezialität des Hauses: Seebarsch in Limettensauce. *1041 Dumaine Street, Tel. 504/593 95 35, So/Mo geschl.,* €€

Die Kategorien gelten nicht für die Zeit des *Mardi Gras*, des *Jazz Festivals* und der Footballereignisse, wenn drei bis fünf Tage Mindestaufenthalt und höhere Preise verlangt werden. *Info Tel. 800/672 61 24, www.neworleanscvb.com*

Bourbon Orleans
Historisches Hotel, frisch renoviert. Pool, Ballsaal, Musikbar, Restaurant. *156 Zi., 717 Orleans Street, Tel. 504/523 22 22, Fax 571 46 66, www.bourbonorleans.com, €€€*

Holiday Inn French Quarter
Ideale Lage, trotzdem bezahlbar. Hallenbad, Restaurant, Garage. *374 Zi., 124 Royal Street, Tel. 504/529 72 11, Fax 566 11 27, www.hineworleans-frenchquarter.felcor.com, €€*

Monteleone
1886 eröffnetes Grand Hotel im French Quarter. Große, schön eingerichtete Zimmer. Barocke Fassade und eine sich drehende Bar in der Lobby. *597 Zi., 214 Royal Street, Tel. 504/523 33 41, Fax 528 10 19, www.hotelmonteleone.com, €€€*

Le Richelieu
Charmantes Haus im French Quarter. Manche Zimmer mit Balkon, andere mit Spiegelwänden. Kleine Bar, Café, Pool, kostenlose Parkmöglichkeit. *86 Zi., 1234 Chartres Street, Tel. 504/529 24 92, Fax 524 81 79, www.lerichelieuhotel.com, €€*

St. Christopher Hotel
Neues Boutiquehotel in historischem Lagergebäude, 50 Schritte vom French Quarter entfernt. Gemütliche Zimmer. *108 Zi., 114 Magazine Street, Tel. 504/648 04 44, Fax 648 04 45, www.stchristopher hotel.com, €€*

Funky Butt Jazz Club
Relaxter Club, erstklassiger Jazz und Blues, scharf gewürzte Speisen. *714 North Rampart, www.funkybutt.com*

Howl at the Moon
Spannende Pianoduelle wie in der Bigbandära, Partyatmosphäre. *135 Bourbon Street, www.howlatthemoon.com*

Howlin' Wolf
Alternative Rockmusik, moderne Country-Musik, montags »offenes Mikrophon« im ehemaligen Baumwollager. Jam-Sessions. *828 South Peters Street, www.howlin-wolf.com*

Preservation Hall
»Staubig und alt«, sagen sie über sich selbst, die Jazzer, die hier die Traditionsstücke spielen. Sehr voll. *726 St. Peter Street*

Tipitina's
Eine Institution für Livemusik: Reggae, Rock, Blues, Rythm & Blues, sonntags Cajun. *233 North Peters Street*

New Orleans Metropolitan Convention & Visitors Bureau
2020 St. Charles Avenue, Tel. 504/566 50 11, www.neworleans cvb.com

Plantagenflair und Blues in den Bayous

Die Touren sind in der Karte auf dem hinteren Umschlag und im Reiseatlas ab Seite 120 grün markiert

1 VON ATLANTA NACH WASHINGTON

Von der heimlichen Hauptstadt des Südens geht es durchs Mittelgebirge der Appalachen zur Hauptstadt der Vereinigten Staaten – zurück großteils die Küste entlang. Die etwa 2500 km lange Route führt durch kolonialzeitliche Ortschaften, aber auch durch die Großstädte des Südens. Zeitbedarf: eine Woche.

Die moderne Metropole *Atlanta (S. 45)* hat nur noch wenig von der Romantik des alten Südens. Wollen Sie gleich weiter, fahren Sie vom Flughafen auf dem I 85 nach Norden und zweigen bei *Buford* ab auf den US 23 Richtung *Gainesville.* Sehr schnell kommen Sie auf dem US 441 die Berge hinauf. Es sind die Appalachen, die sich vom Bundesstaat Georgia bis nach Kanada erstrecken. Am interessantesten sind die *Great Smoky Mountains (S. 30),* die bei *Cherokee (auf dem US 74 ein wenig nach Süden, dann rechts)* zu erreichen sind. Besonders schön ist die *foliage,* die

Blue Ridge Parkway im Herbst

Laubfärbung im Herbst. Sie ist von unglaublicher Pracht und setzt hier am Südende der Appalachen weitaus später ein (Mitte Oktober) als am Nordende.

Sie können auf den Kämmen der Berge nach Norden fahren, und zwar auf dem *Blue Ridge Parkway (S. 32)* und dem *Skyline Drive,* der nahe der Hauptstadt Washington bei *Front Royal* in Virginia endet. Es gibt dort Campingplätze, Holzhütten und Berghotels. Mal ist der Blick nach Westen, mal nach Osten frei – nach Osten fallen die Berge steil ab zu den fruchtbaren Tabakanbaugebieten in North Carolina und Virginia. Es lohnt sich, auch für eine Wanderung auf dem *Appalachian Trail (S. 31)* zu halten – ein paar Stunden oder ein paar Tage.

Unten im Flachland kommen Sie aber deutlich schneller voran: auf dem I 85 und – kurz vor – auf dem I 95. Städte, für die es sich anzuhalten lohnt, gibt es unterwegs zahlreiche. In den Bergen liegt *Asheville (S. 29),* ein von den Flüssen French Broad und Swannanoa geteilter Ferienort. Unten liegt *Winston-Salem,* eine der klassischen, namensgebenden Tabakstädte mit den backsteinroten Fabriken und den für die USA

Auf dem Capitol Hill in Washington : das klassizistische Kapitol

heutzutage völlig unüblichen Hinweisschildern *We thank you for smoking.*

Auch Abstecher nach Westen lohnen. Wenn Sie kleine Straßen wählen, kommen Sie in die armen Gegenden Tennessees und West Virginias, wo viele noch immer von der meist kärglichen Landwirtschaft oder vom Kohlebergbau leben.

Eins sollten Sie unbedingt tun: den I 64 östlich nach *Charlottesville* nehmen und in der Stadt mit dem fabelhaften Campus der *University of Virginia* und dem nahen Landsitz von Thomas Jefferson, *Monticello,* übernachten. Von dort geht es auf dem US 29 und dem US 211 nach *Washington,* das allein eine Reise wert ist. Sie sollten sich neben den Regierungsgebäuden und Museen an der *Mall* und dem bezaubernden alten Stadtteil *Georgetown* auch das Wohnviertel **Northwest** *(um Connecticut Avenue und Nebraska Avenue)* anse-

hen. Dort erkennen Sie rasch, warum Washington auch den Ruf hat, ein verschlafenes Südstaatenstädtchen zu sein.

Zurück in Virginia, ist *Alexandria* ein Muss. Sein historischer Teil hat sich seit weit über 200 Jahren kaum verändert. Auf den Autobahnen I 95 und I 64 geht es wieder nach Süden bzw. Südosten. Zwei, drei Stunden Fahrt sind es bis ins Museumsstädtchen *Colonial Williamsburg.*

Bei *Nag's Head* geht es auf die *Outer Banks (S. 39),* die vorgelagerte Inselkette mit hohen Dünen und oft menschenleeren Stränden. Über *Hatteras (S. 40)* und *Ocracoke (S. 40)* geht es auf Fähren oder über Brücken wieder hinunter. Sie können Fährplätze reservieren (Hinweistafeln entlang der Strecke). Richtig voll ist es nur an den Wochenenden um Memorial Day und Labor Day. Achten Sie jedoch zur Hurrikansaison (Juni–Sept.) auf den

Insider Tipp

Wetterbericht! Bei den häufigen Wirbelstürmen wird gesperrt und evakuiert: kein Vergnügen!

Der US 17 bringt Sie weiter nach Süden. *Myrtle Beach (S. 37)* beachten Sie nicht, es sei denn, Sie wollen die größte Ansammlung von Kitsch, Tinnef und Billigmotels an der Atlantikküste sehen. Die Atmosphäre des alten Südens ist dann in *Charleston (S. 34)* und in *Savannah (S. 58)* zu finden.

Auf der Weiterfahrt nach Atlanta können Sie einen Abstecher in das hübsche Städtchen *Athens (S. 43)* machen, besonders als Fans der Musikgruppe R.E.M., die dort zu Hause ist.

2 VON NEW ORLEANS NACH MEMPHIS

Auf den Spuren von Tom Sawyer und Huckleberry Finn geht es den mächtigen Mississippi hinauf. Dann durch den Deep South, den tiefen Süden, zurück zum Golf von Mexiko. Zeitbedarf für die 1800 km: eine Woche.

Ausgangspunkt ist *New Orleans (S. 86)*, das Sie unbedingt besuchen sollten. Vielleicht fahren Sie zuerst durch die *Bayous,* die Sumpf- und Schwemmlandschaft des Mississippideltas. Dazu wenden Sie sich zunächst nach Südwestenen und fahren auf kleinen Straßen umher – je hinterwäldlerischer, desto interessanter. Aber bitte nicht vergessen: Der Mississippi ist ein Industriefluss, dank der Ölraffinerien und der riesigen Schleppbarkassen oft wenig romantisch! Nahe bei New Orleans liegt der Ort *Jean Lafitte (State Roads SR 45 und SR 301),* wo Bootstouren angeboten werden:

durch die Bayous, durch die Sümpfe, auf Shrimpbooten (wie in »Forrest Gump«).

Schneller kommen Sie auf dem I 0 nach *Baton Rouge (S. 78)* – Hauptstadt Louisianas mit dem ungewöhnlichen Kapitol aus 26 Sorten Marmor. Hier endet auch die *Petrochemical Gold Coast,* der Industriegürtel, der sich die 160 km von New Orleans bis zu diesem zweitgrößten Hafen des Bundesstaats hinaufzieht, und es beginnt die *Sugar Bowl of America* – riesige Zuckerrohrplantagen jenseits des Mississippi.

Entweder am Fluss auf der SR 15 oder direkt auf dem US 61 fahren Sie nach *Natchez (S. 84),* dessen Antebellum-Häuser aus der Zeit vor dem Bürgerkrieg sogar Ziel von regelrechten *Architektur-Pilgerfahrten* sind *(Info über Natchez Convention and Visitors Bureau, Tel. 601/446 63 45, www.natchez. ms.us).* Auf dem *Natchez Trace Parkway (S. 86),* der Straße, die den alten Indianerpfaden und Siedlerrouten folgt *(Ausstellungen und Picknickplätze am Straßenrand),* geht es nordöstlich nach *Jackson,* der Hauptstadt von Mississippi.

Von dort fahren Sie auf dem I 55 geradewegs Richtung Memphis. Sind Sie Anhänger des Bestsellerautors John Grisham, fahren Sie bei *Batesville* auf der SR 6 nach Oxford ab. Von dort kommt Grisham, dort spielt sein erster Roman »Die Jury«. *Memphis (S. 69),* die Bluesstadt am Mississippi, ist eine moderne Metropole, dennoch lohnend auch zum Übernachten wegen der Musikkneipen direkt im Zentrum.

Von Memphis aus heißt es sich ein wenig durchschlagen durch das nördliche Mississippi und Alabama auf dem US 78 nach *Birmingham (S. 63)*, der einstigen Stahlstadt, die in den 1960er-Jahren Schlagzeilen wegen schlimmster Rassenunterdrückung machte und die heute den »Neuen Süden« ohne Rassenspannungen und mit modernen, »rauchlosen« Industrien wie Versicherungen und Gesundheitswesen verkörpert. Auf dem I 20 geht es über *Tuscaloosa,* wo Sie im Druid City District nahe der Queen City Avenue viele schöne Vorkriegs-Mansions finden, zum US 43 und auf diesem nach *Mobile (S. 71)*, der Hafenstadt mit einem einigermaßen intakten alten Kern.

Zurück nach New Orleans kommen Sie schnell auf dem I 10. Wollen Sie sich etwas Zeit lassen, fahren Sie auf dem US 90 über *Pascagoula, Biloxi (S. 79)* und *Gulfport.* Der Strand am Golf von Mexiko ist oft flach und sandig. Die uneingeschränkt wichtigste Attraktion an diesem Küstenabschnitt sind aber für viele die Kasinohotels, die in den vergangenen Jahren wie Pilze aus dem Boden geschossen sind.

3 **VON MIAMI NACH TALLAHASSEE**

Die Tour führt 2500 km durch Florida und ein Stück durch den Süden Georgias, wo noch etwas »Vom Winde verweht«-Flair zu spüren ist. Zu bedenken ist, dass es in Zentral- und Nordflorida von Dezember bis April sehr kühl sein kann. Zeitbedarf: eine Woche; bei einem Abstecher nach Key West mindestens zwei Tage mehr.

In *Miami Beach (S. 53)* sollten Sie frühmorgens los, wenn die Sonne in den prächtigsten Farben über dem Atlantik aufgeht. Dann sind Sie auch früh in den *Everglades; US 1 oder Floridas Turnpike, der mautpflichtige Turnpike ist wesentlich schneller)*, der einzigartigen Sumpflandschaft. Für einen Abstecher nach Key West fahren Sie nahe Florida City wieder auf dem US 1, der hier auch *Overseas Highway* heißt, nach Süden. Lange Strecken führen über niedrige Brücken, Sie fliegen regelrecht über das glitzernde Meer. Richten Sie es so ein, dass Sie zum Sonnenuntergang auf *Key West (S. 50)* ankommen, wo Einheimische und Besucher Abend für Abend die heraufziehende Nacht feiern.

Zurück können Sie nur über den Overseas Highway. Wollen Sie schnell zum nächsten Ziel, der Insel Sanibel, fahren Sie auf dem Festland gleich auf den Turnpike, dann auf dem I 75 – mit dem schönen Namen *Alligator Alley* – Richtung Naples. Am Rand dieser Autobahn, aber auch am Rand des US 41, sonnen sich an manchen Tagen Tausende von Alligatoren. Entscheiden Sie sich für die Highways, müssen Sie mit vielen Staus rechnen – in Südflorida herrscht mörderischer Verkehr. *Sanibel* und *Captiva* sind die Inseln der Multimillionäre, die prächtige Villen direkt an den Stränden haben und Besucher nicht sonderlich mögen, was sich in hohen Maut- und Parkgebühren bemerkbar macht. Schöne Strandorte sind aber auch *Naples, Fort Myers Beach, Sarasota, St. Petersburg* und *Clearwater.*

Die Golfküste ist ganz anders als die Atlantikküste, milder im Klima, aber im Sommer unerträglich schwül und heiß, es gibt kaum Wellen, der Sand ist einmalig fein und

Weißer Strand und Palmen: Fort Myers Beach

weiß und – besonders auf Sanibel – voller Muscheln.

Ebenso schön sind die Strände von Floridas *Panhandle,* dem sich weit nach Westen ziehenden Landstreifen. Zwischen *Apalachicola* und *Pensacola* sind fabelhafte Bademöglichkeiten zu finden, doch haben sich dort viele Billigmotels etabliert, sodass der direkte Weg in die sehenswerte Hauptstadt *Tallahassee* über den US 19 erwägenswert ist. Gleich nördlich, noch innerhalb der Stadtgrenzen von Tallahassee, beginnt um *Thomasville* und *Valdosta* im Süden Georgias so etwas wie ==echter alter Süden== mit säulenbestandenen Veranden und – eher ärmlichem – Vorkriegsflair.

Zurück in Florida, kommen Sie über die Highways I 75, I 10 und I 95 nach *St. Augustine (S. 57),* je nach Lesart älteste oder zweitälteste Stadt Nordamerikas. In *Daytona Beach,* eine Stunde südlich, muss man einfach über den Strand fahren. Dort ist immer Party: entweder von Studenten während der Frühjahrssemesterferien; oder von den Harley-Davidson-Fahrern während der *Biker Week* Anfang März; oder zu einem der vielen Autorennen, die auf dem Daytona Speedway stattfinden.

Orlando (S. 56), die Stadt von Disney World, Universal Studios und einem Dutzend weiterer Themenparks, bietet genau dies: Amüsement rund um die Uhr. Direkt östlich liegt der Raumfahrtbahnhof *Kennedy Space Center (S. 57).* Von hier nach Süden lohnt es, einmal direkt am Atlantik zu fahren, auf der A 1A, die von *Cocoa Beach* aus eine Zeitlang direkt am Wasser entlangführt. In *Palm Beach* können Sie noch einmal die Reichen bestaunen. *Fort Lauderdale,* der letzte große Ort vor Miami, entwickelt sich immer mehr zur Alternative für Miami Beach, das vielen zu touristisch ist.

Mit Schlappen, Boots und Taucherflossen

Die Qual der Wahl oder die Wahl der Qual: Für jeden gibt es etwas. Und zwar reichlich

Die Amerikaner haben von jeher ein Faible für Fun und Action. Da wäre es angesichts der abwechslungsreichen Topographie des Südens nicht mit rechten Dingen zugegangen, hätten sie die Strände einfach Strände sein lassen und die Berge Berge. Also verwandelten sie die schönsten Geschenke von Mutter Natur in geniale Abenteuerspielplätze. Nationalparks, National Forests und Hunderte von State Parks wurden geschaffen, zum Schutz der Natur und zur Erbauung der Menschen. Tausende Wanderweg-Kilometer ziehen sich seitdem kreuz und quer durch den Süden. Die schönsten Flüsse kann man paddeln, die wildesten raften. Von Bergen und Dünen kann man per Hangglider abheben, von Segel- und Motorbooten aus kann man in märchenhafte Unterwasserwelten eintauchen. Gelegenheitssheitssportler werden ebenso etwas finden wie Fitnessfanatiker, das Motto lautet stets: Schweiß kann fließen, muss aber nicht.

Kajak- oder Kanutouren sind sehr beliebt

DRACHENFLIEGEN

Der Flug von der Spitze des Lookout Mountain ist ein Muss für jeden Drachenflieger. Verlässliche Aufwinde ermöglichen Flüge von durchschnittlich 30 Minuten. Novizen können sich bei einem Profi einhaken, der Tandemflug kostet $ 129. *Lookout Mountain Flight Park, 7201 Scenic Highway, Rising Fawn, GA 30738 (15 Min. nach Chattanooga), Tel. 706/398 35 41, www.hangglide.com*

Von der 30 m hohen Düne im Jockey's Ridge State Park in den Outer Banks haben sich schon die Gebrüder Wright gestürzt. Heute ist es sicherer: Erfahrene Fluglehrer betreuen die Anfänger, die bereits nach ein paar Stunden große Sätze machen! Ein Tandemflug kostet ab $ 110, eine Flugstunde ab $ 85. *Kitty Hawk Kites, 3933 South Croatan Highway, Nag's Head, Tel. 252/441 41 24, www.kittyhawk.com*

Insider Tipp

FUNSPORTARTEN

Kite-Boarding, Jet-Skiing und sich rittlings auf einer Gummibanane von einem Speedboat ziehen lassen: Es gibt nichts, was es nicht gibt. Vor allem in Florida, dem größten Wasserpark der USA. Jedes Strandhotel verleiht Surfbretter, wo eine Pier ist, organisieren Veranstalter Fun zu Wasser, zu Lande und in der Luft.

GOLF

GOLF

Wenn Tiger Woods vor Palmettos oder Magnolien einlocht, dann spielt er garantiert gerade in Augusta oder auf den Golden Isles. Aber auch die übrigen Golfplätze im Süden sind eine Klasse für sich. Der Süden ist ein Mekka für Putter aus aller Welt. Das schöne: Viele Plätze sind öffentlich und gegen eine Gebühr bespielbar. Listen der öffentlichen Golfplätze sind auf den Websites der Tourismusministerien und Fremdenverkehrsämter zu finden.

KANU, KAJAK & RAFTING

Ins Kanu steigen und für ein paar Tage die Zivilisation hinter sich lassen: Der Gedanke ist stets verführerisch. Der Filmerfolg »Beim Sterben ist jeder der Erste« löste in den 1970er-Jahren einen Run auf die Flüsse in den Appalachen Georgias und der Carolinas aus. Bei *Dahlonega* (Nord-Georgia) ziehen der für Familien geeignete *Chestatee* und der etwas schwierigere *Etowah River* Kanuten und Kajakfahrer an. Zwei weltberühmte Flüsse mit Kat-IV-Stromschnellen warten im Umkreis von 90 km: der bei der Olympiade 1996 benutzte *Ocoee* (Tennessee) bei Copperhill und der durch den obigen Film berühmte *Chattooga River.* Kanutouren auf dem Chestatee und Etowah: *Appa-*

lachian Outfitters, Dahlonega, 24 North Park Street, Tel. 706/ 864 71 17, ein- und mehrtägige Trips. Kayaking und Rafting auf dem Ocoee: *Ocoee Adventure Center, Highway 64, Ducktown, Hauptsitz: Route 1, Copperhill, TN, Tel. 1888/723 86 22, Fax 423/ 338 50 86, www.ocoeeadventure center.com, Tagestrip $ 49*

RADFAHREN & MOUNTAINBIKING

Am angenehmsten sind Fahrten durch ländliche Gegenden und durch komplett verkehrsberuhigte Zonen. Zu ersteren gehören Radtouren auf dem Natchez Trace Parkway und durch Cajun Country, zur letzteren Tagestrips über die Golden Isles oder über historische Schlachtfelder. Radverleihe finden sich in jeder Broschüre.

Georgia und die Carolinas bieten diverse Mountainbiker-Highlights *(www.singletracks.com): Bull Mountain* in Dahlonega nördlich von Atlanta ist ein 17 km langer, technisch anspruchsvoller *single track* mit Flussüberquerungen und steilen Anstiegen. Auch der *Chicopee Trail* bei Gainesville stellt mit engen Serpentinen und schweren Felsenstufen hohe Ansprüche. Herrliche Fernblicke, aber steile Abfahrten hält *Bear Creek* im Chattahochee National Forest bereit. Weitere, nervenzerreißende Trails gibt es in der *Tsali Recreation Area* im Westen von North Carolina, etwa den berüchtigten *Tsali Loop.*

TAUCHEN

Tauchen und Schnorcheln, eine Spezialität der Florida Keys. In je-

Sport und Fun gehören in Florida zum Lebensgefühl

dem Ort der Keys gibt es Ausrüster, die Tauchtouren hinaus zu den Korallenriffs anbieten. Schnorcheln, die nicht allzu ernste Alternative, ist Bestandteil fast jeder Cruise hinaus in die blaue See.

TENNIS

Viele Orte im Süden rühmen sich unbescheiden der besten Tenniscourts der Welt. Über allen Zweifel erhaben: *Lincoln Tennis Center bei Stone Mountain, 5525 Bermuda Road, Tel. 770/413 52 88,* sowie das *Jekyll Island Tennis Center, Tel. 912/635 31 54.* In beiden Fällen muss weit im voraus buchen, wer hier spielen will. Eine Tennisstunde mit einem Profi kostet ab $ 50.

WANDERN

Auf alten Indianerpfaden durch die Appalachen streifen: Wen reizt das nicht? Jeder der National und State Parks verfügt über ein gut ausgebautes Wegenetz. Trailkarten gibt es in den Besucherzentren, hier informiert man auch über Übernachtungsmöglichkeiten. Die schönsten Trails warten im *Great Smoky Mountains National Park* und links und rechts vom *Blue Ridge Parkway.* Die tiefsten Schluchten bietet der *Cloud Canyon State Park* und der *Tallulah Gorge State Park.* Der legendäre *Appalachian Trail,* Amerikas berühmtester Fernwanderweg, beginnt auf dem *Springer Mountain* (Georgia). Karten und Infos bei *Appalachian Trail Conference, PO Box 0807, Harpers Ferry, West Virginia 25425, Tel. 304/535 63 31, www.atconf.org.* Wer nicht gleich bis nach Maine wandern will, kann den *Benton-Kaye-Trail* unter die Stiefel nehmen. Auch er beginnt auf Springer Mountain und ist 400 km lang *(www.georgiatrails.com).*

Plantschen, Buddeln und Staunen

Der Süden bietet Fluchtpunkte für kleine und für große Menschen

Wann sind wir endlich da?« Eltern, die mit Kindern unterwegs sind, fürchten diesen Satz, denn sie wissen: Die lieben Kleinen kriegen die Krise. Zu lange haben sie auf der Rückbank ausgeharrt, absolut reizresistent und lustlos aus dem Fenster starrend. Aber jetzt müssen sie einfach raus. Nichts geht mehr, auch mit Hamburgern und Hotdogs vom Drive-In lassen sie sich nicht mehr bestechen. Auf Situationen wie diese muss man besonders in den USA gefasst sein. Im Land der vier Zeitzonen unterschätzen Besucher aus Europa immer wieder die Riesenentfernungen. Die Amerikaner haben, kinderlieb wie sie sind, ihre Nation mit Aquarien, Vergnügungsparks und gigantischen Minigolfanlagen überzogen. Auf den hitzeflimmernden Highways im Süden lernt man das schnell zu schätzen – vor allem, wenn man sieht, wie schnell Kinder beim Stichwort Wasserpark von quengelnden Quälgeistern zu hellwachen Mustertöchtern und -söh-

Auch Kinder kommen voll auf ihre Kosten

nen mutieren. Amerikanische Hotels sind im Allgemeinen kinderfreundlich. Die meisten lassen Kinder gratis oder gegen eine kleine Gebühr im Zimmer der Eltern übernachten. Historische, mit Antiquitäten möblierte Inns und B&B's können allerdings Ausnahmen machen und Eltern mit Kindern glatt abweisen. Restaurants führen Kid's Menus auf der Speisekarte.

NORTH & SOUTH CAROLINA

Emerald Village   [122 B2]
In diesem Bergwerk kann man selbst nach edlen Steinen graben. Die Broschüren garantieren, dass jeder fündig wird. *Emerald Village Gem Mine, Little Switzerland, McKinney Mine Road, Blue Ridge Parkway, Milepost 334, www.eme raldvillage.com, April tgl. 9–16, Mai bis Okt. Mo–Fr 9–17, Sa–So 9–18 Uhr, Erwachsene $ 5, Kinder $ 4*

Myrtle Beach Pavilion Amusement Park   [123 D3]
Alles, was kleine und große Kinder wollen: nagelneue Monster-Achter-

bahnen, trendige Boutiquen, hübsche Cafeterias, Eisdielen und eine Diskothek. *Tgl. März–Mai und Mitte Aug.–Sept. 18–22, sonst 13–24 Uhr, Tageskarte $ 24*

North Carolina Aquarium [123 F1]

Fast 1 Mio. l fasst der Wassertank, in dem eine Replik des 1862 versenkten, konföderierten Kriegsschiffs »Monitor« ausgestellt ist. Spannend inszenierte Ausstellungen informieren über die haarsträubende Geschichte der Outer Banks als Piratenversteck und berüchtigter Schiffsfriedhof. *Roanoke Island, Monteo Airport Road, tgl. 9–17 Uhr, Erwachsene $ 7, Kinder $ 5*

Insider Tipp
Oconaluftee Indian Village [123 D3]

Mitten im Billig-Rummel von Cherokee liegt das mit viel Liebe zu historischen Details gestaltete Village. Cherokee-Häuser und kostümierte Guides, die traditionellen Beschäftigungen wie Töpfern und Kanubauen nachgehen, entführen die Kids in die Zeiten von Lederstrumpf und Chingachgook. *Drama Road, Mai bis Okt. tgl. 9–17.30 Uhr, Erwachsene $ 13, Kinder $ 6*

Paramount's Carowinds [122 C2]

Hier wird Hollywood ganz groß geschrieben. Karussells, Achterbahnen und Drop Zones wurden nach Filmen benannt, wie z. B. der *Top Gun Jet Coaster* und die *Abyss Water Slides*. Kostümiertes Personal stellt berühmte Filmszenen nach und animiert die Besucher mit allerlei Schabernack. *Charlotte, 14523 Carowinds Boulevard, Juni–Aug. tgl., sonst Sa–So 10–22 Uhr, Erwachsene $ 43, Kinder $ 27*

South Carolina Aquarium [123 D4]

In gigantischen Behältnissen wurden hier alle für den Südosten typischen Unterwasserlandschaften reproduziert und mit über 500 Arten bevölkert. *Charleston, 1000 Aquarium Wharf, April–Aug. Mo–Sa 9 bis 18, So 12–18, sonst Mo–Sa 9 bis 17, So 12–17 Uhr, Erwachsene $ 15, Kinder $ 8*

GEORGIA & FLORIDA

Six Flags over Georgia [122 A3]

Live-Revuen und Konzerte, vor allem aber die über 100 Hightech-Achterbahnen und Wasserrutschen mit Namen wie *Viper, Mind Bender* und *Ninja* machen Six Flags over Georgia vor allem an heißen Tagen zu einem Ziel nicht nur für Kinder. *Atlanta, 275 Six Flags Parkway, Austell, tgl. Juni–Aug. 10–23, Sept. bis Mai 10–22 Uhr, Tageskarte $ 43, Kinder $ 26*

TENNESSEE & ALABAMA

Children's Museum of Memphis [120 C2]

Durch diese Miniaturstadt können Kinder nicht nur spazieren, sondern auch klettern und kriechen. Besonders beliebt im Children's Museum of Memphis: ein echtes Flugzeug! *2525 Central Avenue, Di–Sa 9–17, So 12–17 Uhr, Erwachsene $ 7, Kinder $ 6*

Dollywood [122 B2]

In Dollywood, ihrem immens populären Vergnügungspark, feiert der flamboyante Countrystar Dolly Parton nicht nur sich selbst, sondern auch ihre Heimat, die Great Smoky Mountains. So ließ sie das übliche

Immer wieder ein Vergnügen: Abkühlung am Springbrunnen

Amüsement derartiger Vergnügungsstätten mit Showeinlagen munterer Bluegrass-, Country- und Gospelgruppen und mit traditionellen Tischler-Workshops anreichern. *Pigeon Forge, 1020 Dollywood Lane, tgl. April–Okt. 9–18, Juni–Aug. 9–21 Uhr; Erwachsene $ 42,40, Kinder $ 32,35*

Mud Island River Park   [120 C2]
Im 19. Jh. durch die Anhäufung von Sedimenten entstanden, ist der Mud Island River Park am Mississippi heute ein Vergnügungspark, in dem sich alles um den 2000 km langen Fluss dreht. Blickfänge sind die »Memphis Belle«, ein B-17-Bomber aus dem Zweiten Weltkrieg, und der *River Walk*, ein mehrere Hundert Meter langes Modell des Mississippi. *Memphis, 125 North Front Street, April–Mai Di–So 10–17, Mai–Sept. tgl. 10–20, Sept./Okt. Di–So 10–17 Uhr; Erwachsene $ 8, Kinder $ 5*

MISSISSIPPI & LOUISIANA

Blue Bayou Waterpark & Dixie Landin' Amusement Park [120 C3]
Louisianas größter Vergnügungspark mit dem sperrigen Namen besteht eigentlich aus zwei Anlagen. Wellenbad, sieben Stockwerke hohe Wasserrutschen und jede Menge Junkfood-Joints. *Baton Rouge, 18142 Perkins Road, tgl. 10–18 Uhr; Erwachsene $ 35 Kinder $ 22*

Wildlife Gardens   [120 C6] Insider Tipp
4 m lange *gators* dösen in der Sonne, Wildkatzen schleichen durchs Palmetto-Dickicht. Spaziergänge durch die Sümpfe der Gärten eine halbe Autostunde südlich von New Orleans führen durch eine tolkiensche Märchenwelt. Man kann hier auch schlafen – in zünftigen Cabins, die Wasserschildkröten vis-a-vis ($ 80). *Gibson, 5306 North Bayou Black Drive, Di–Sa 9–17 Uhr; Erwachsene $ 8, Kinder $ 5*

Angesagt!

**Was Sie wissen sollten über Trends,
die Szene und Kuriositäten in den Südstaaten der USA**

Shag Dance

Der Gesellschaftstanz des Südens ist eine flotte Mischung aus Jitterbug und Rythm & Blues, oder, wie Shagger sagen: »Shag is a warm night with a cold beer and a hot date.« Shag entstand Ende der 1930er-Jahre in Myrtle Beach: Weil die Radios keine »schwarze« Musik spielten, hörten die weißen Teenager sie in schwarzen Nachtclubs und aus Jukeboxes am Strand. »Jumping the Jim Crow rope« nannte man das. Damals mit bloßen Füßen im Sand getanzt, legt man ihn heute in

Strandclubs und Cafés aufs Parkett. Vor allem in Myrtle Beach: Die Wettbewerbe im Frühjahr und Herbst verzeichnen bis zu 15 000 Teilnehmer *(www.shagdance.com).*

Ground Zero des Blues

Muddy Waters sprang hier auf den Zug nach Chicago, B. B. King, John Lee Hooker und Bessie Smith traten hier auf. Danach wurde es wieder still in Clarksdale, und das Städtchen am Highway 69, der wie je durch die Monotonie des Mississippi Delta führt, sang, was es am besten konnte: den Blues. Bis Morgan Freeman kam. Der Hollywood-Star machte im Frühjahr 2001 die Bluesbar Ground Zero auf, eine Hommage an die Schuppen der 1930er-Jahre, Vinyltischdecken und wackelige Tische inklusive. Bluesmusiker aus dem gesamten Süden geben sich hier seitdem die Ehre *(www.groundzeroblues club.com).*

Cajun ist cool

Cajun-Küche und -Musik werden immer beliebter: Kein Tag, kein Wochenende, an dem nicht irgendwo in Cajun Country gefeiert wird! Treibende Kraft hinter der Renaissance dieser französisch geprägten Kultur Louisianas ist die Organisation Codofil *(Conseil pour le développement du français en Lousiane).* Wer Amerikas »french connection« von innen kennen lernen will, sollte die Codofil-Website besuchen: Neben Cajun-Sprachkursen stehen hier auch die aktuellen Termine der kommenden Konzerte und Jam-Sessions. *Infos: www. codofil.org*

Von Anreise bis Zoll

Hier finden Sie kurz gefasst die wichtigsten Adressen und Informationen für Ihre Reise in die Südstaaten der USA

ANREISE

Flüge von Europa in den Süden der USA dauern rund zehn Stunden. Manche Routen erfordern allerdings ein-, vielleicht sogar zweimaliges Umsteigen. Das kann die Reisezeit leicht auf 16 Stunden verlängern. Bei der anhaltenden Konkurrenz der Airlines auf der Nordatlantikstrecke sind Roundtriptickets unter 500 Euro schon fast normal. Einreise- und Zollformalitäten sind stets am ersten Flughafen im Land zu erledigen, nicht am Zielflughafen. Am Zielflughafen wird das Gepäck in den *Baggage Claim Areas* ausgegeben. Gepäckabschnitte bereithalten, sie werden an etlichen Flughäfen kontrolliert!

AUSKUNFT

Visit Florida: *c/o Mikulla Goldmann PR, Thalkirchner Straße 80, 80377 München, Tel. 089/ 45 21 86 12, Fax 45 21 86 20, www.mikullagoldmann.de;* Florida Keys: *Get it across Marketing, Neumarkt 33, 50677 Köln, Tel. 0221/ 233 64 06, Fax 233 64 50, www. getitacross.de;* Georgia: *Travel Marketing Romberg TMR, Schwarzbachstraße 32, 40822 Mettmann, Tel. 02104/28 66 72, Fax 91 26 73, www.travelmarketing.de;*

Louisiana: *Wiechmann Tourism Service, Scheidswaldstraße 73, 60385 Frankfurt/Main, Tel. 069/ 25 53 80, Fax 25 53 81 00, www. wiechmann.de;* Miami: *Pela Touristik Service, Postfach 1227, 63798 Kleinostheim, Fax 069/43 84 19;* Mississippi und Tennessee: *Global Contact, Pettenkofferstraße 24, 80366 München, Tel. 089/ 538 97 77, Fax 538 97 89, www.vi sitmississippi.org;* North Carolina: *Mangum, Herzogspitalstraße 5, 80331 München, Tel. 089/ 23 66 21 64, www.mangum.de;* South Carolina: *ESTM Edeltraud Sommer, Tel. 06172/92 16 01, Fax 92 16 02*

AUTO

Das Straßennetz ist gut ausgebaut. Es gibt jeweils besondere Schilder für Country-Straßen, State- und US-Highways sowie für die großen Interstate-Autobahnen. Anschnallen ist Pflicht. Die Höchstgeschwindigkeit ist auf Landstraßen meist 55 Meilen/h (88 km/h), in Orten 35 Meilen/h (50 km/h). Nur auf Autobahnen gelten als Höchstgeschwindigkeit meist 65 oder 70 Meilen/h (105 oder 113 km/h). Die Promillegrenze liegt bei 0,0.

Die Verkehrsregeln gleichen denen in Europa. Es gibt jedoch einige

Besonderheiten: An Ampeln darf man (wenn nicht ausdrücklich verboten) auch bei Rot nach rechts abbiegen, auf Autobahnen auch rechts überholen. Schulbusse, die zum Ein- oder Aussteigen anhalten, dürfen dagegen überhaupt nicht passiert werden – auch nicht aus der Gegenrichtung. Außerdem gibt es so genannte *3-way-* oder *4-way-stops,* Kreuzungen mit Stoppschildern, an denen jedes Fahrzeug halten muss. Wer zuerst gehalten hat, darf auch zuerst weiterfahren. Der US-Automobilclub AAA hilft auch den Mitgliedern ausländischer Clubs (Ausweis mitnehmen!). Sehr praktisch sind *tripticks,* zu einem Heft gebundene Karten mit Routenführung.

BANKEN, GELD & KREDITKARTEN

Banken sind meist von 10 bis 15 Uhr geöffnet (Fr bis 17.30 Uhr). Sie lösen Reiseschecks (ausgestellt auf US-$) ein, doch nur die größeren Banken wechseln auch ausländische Währungen. In den Wechselstuben von Großstädten und auf internationalen Flughäfen sowie in manchen größeren Hotels können Sie (oft zu schlechtem Kurs) euro-

€	US $	US $	€
1	1,24	1	0,81
2	2,48	2	1,61
3	3,72	3	2,42
4	4,96	4	3,23
5	6,20	5	4,03
7	8,68	7	5,65
8	9,92	8	6,46
9	11,16	9	7,26
10	12,40	10	8,07

päische Währungen in Dollar umtauschen. Kreditkarten werden praktisch überall angenommen.

CAMPING

Die schönsten Campingplätze sind zumeist die öffentlichen: Sie sind naturnah an Seen und in National Parks gelegen, die Übernachtung kostet zwischen $ 5 und $ 25. Private, oft recht luxuriöse Plätze mit heißen Duschen, Pool und Laden finden Sie am Rand der Städte und der Parks (Preise etwa $ 10–$ 40). Wildes Campen ist (außer in den Parks) nicht verboten, wird aber in besiedelten Gebieten nicht gern gesehen.

DIPLOMATISCHE VERTRETUNGEN

Deutsche Botschaft
4645 Reservoir Road NW, Washington, D.C., Tel. 202/298 81 40, Fax 298 42 49, www.germany-info.org

Österreichische Botschaft
3524 International Court NW, Washington, D.C., Tel. 202/895 67 00, Fax 895 67 50, washington-ob@bmaa.gv.at

Schweizer Botschaft
2900 Cathedral Avenue, Washington, D.C., Tel. 202/745 79 00, Fax 387 25 64, www.eda.admin.ch/washington

EINREISE

Für die Einreise benötigt man einen mindestens für die Dauer des geplanten Aufenthalts gültigen Reisepass. Seit Oktober 2004 akzeptieren die Amerikaner nur noch den maschinenlesbaren Reisepass. Auch Kinder benötigen das bordeauxfarbene Dokument *(Näheres unter www.usembassy.de/travel/din dex.htm).* Seit dem 30. September 2004 wird zudem von jedem Einreisenden ein digitaler Fingerabdruck und ein digitales Porträtfoto angefertigt. Die maximale Aufenthaltsdauer ohne Visum in den USA beträgt 90 Tage. Der Tag, an dem die USA spätestens wieder verlassen werden müssen, wird in den Reisepass eingestempelt.

GESUNDHEIT

Die ärztliche Versorgung in den USA ist im Allgemeinen sehr gut – und sehr teuer. Daher sollten Sie für die Reise eine Auslandskrankenversicherung abschließen. Medikamente erhalten Sie in der *pharmacy* und im *drugstore,* die oft auch rund um die Uhr geöffnet sind.

INLANDFLÜGE

Alle großen US-amerikanischen Fluggesellschaften bieten Rabatte für Inlandflüge an. Entscheidend sind eine lange Vorausbuchung (mindestens 14 Tage, möglichst schon im Heimatland) sowie ein Hin- und Rückflugticket.

INTERNET

Die für Touristen interessanten Informationen finden sich auf Websites wie z. B. *www.louisianatravel. com, www.georgiaonmymind.org, www.discoversouthcarolina.com.* Wo im Herzen von New Orleans die Post abgeht, erfahren Sie unter *www.frenchquarter.com.* Wer sich umfassend über die Cajuns infor-

Was kostet wie viel?

Kaffee	**2 Euro** für eine Tasse im Café
Hotdog	**ab 2,50 Euro** am Stand
Wein	**4 Euro** für ein Glas Wein
Wasser	**1,50 Euro** für ein Glas Mineralwasser
Benzin	**1,80 Euro** für 1 gallon (3,79 l)
Frühstück	**etwa 5 Euro** im Coffee Shop

mieren möchte, ist bei *www.ca jun.ca* richtig.

INTERNETCAFÉS

Möglichkeiten zum – meist – kostenlosen Surfen und Versenden von E-Mails bieten öffentliche Büchereien *(libraries)* und die Businesscenter größerer Hotels. In Internetcafés kostet eine Stunde bis zu $ 10. Einige Adressen: Miami: *South Beach Internet Café & Lounge, 1100 Collins Avenue, Tel. 305/ 532 43 31, sobeinternet@hotmail. com;* New Orleans: *Royal Access, 621 Royal Street, Tel. 504/ 525 04 01, www.royalaccess.com;* Atlanta: *The Coffee Net, 931 Monroe Drive, Tel. 404/875 04 44, www.thecoffeenet.com*

JUGENDHERBERGEN

Die Häuser von American Youth Hostel (AYH) kosten pro Nacht

$ 10–30. Ein Adressverzeichnis für Jugendherbergen ist im Buchhandel erhältlich: *International Hostelling, Vol. 2.* Auskunft über die preisgünstigen Heime der YMCA (für Männer) und der YWCA (für Frauen) erhalten Sie in Deutschland direkt beim *CVJM Gesamtverband, Im Druseltal 8, 34131 Kassel, Tel. 0561/308 70, Fax 308 72 70, www.cvjm.de*

KLIMA & REISEZEIT

In den Südstaaten herrscht schon subtropisches bis tropisches Klima. Das bedeutet: sehr heiße, lange Sommer mit extrem hoher Luftfeuchtigkeit. Von Mai bis September ist durchgängig mit solchem Wetter zu rechnen. Sehr schön ist in den Appalachen der Herbst, auch *Indian Summer* genannt, wenn sich die Blätter verfärben, es noch warm, aber nicht mehr schwül ist, also im Oktober und November. Der Winter kann extreme Schneefälle bringen, besonders in den nördlicheren Südstaaten und den Bergregionen. Im südlichen Georgia, entlang der Golfküste und in Florida schneit es aber nicht. Statt dessen regnet es dort. Der Frühling kommt blitzschnell im März/April. Nur in Südflorida ist im Winter, also im Dezember und Januar, beständig schönes Wetter ohne Regen und bei nicht allzu heißen Temperaturen zu erwarten. Mit Ausnahme von Florida sind die angenehmsten Reisezeiten Frühsommer und Herbst.

LITERATUR

Da ist natürlich Margaret Mitchells »Vom Winde verweht«: Der Südstaaten-Klassiker über Liebe und Eifersucht vor dem Hintergrund des Bürgerkriegs. Die Geschichte eines exzentrischen jungen Mädchens in einer muffigen Kleinstadt im Süden schreibt Carson McCullers in «Das Herz ist ein einsamer Jäger». In James Dickeys Roman »Flussfahrt« führt der Zusammenstoß von Städtern und Hinterwäldlern während einer Kanuexpedition zur Katastrophe. Ein Klassiker über die Seele des Südens ist Mark Twains »Leben auf dem Mississippi«. Von Vidiadhar Surajprasad Naipaul stammt »In den alten Sklavenstaaten«: Erbarmungslos seziert der Literaturnobelpreisträger Wurzellosigkeit und Identitätsstörungen in den Südstaaten.

MASSE & GEWICHTE

Auf den Straßen spult man Meilen (= 1,6 km) herunter, kauft Benzin in Gallonen (= 3,79 l) und schwitzt bei Fahrenheit: (0° C = 32° F, 15° C = 59° F, 20° C = 68° F, 25° C = 77° F).

MIETWAGEN

Zur Automiete genügt der nationale Führerschein. Leihwagen sind vor allem in Florida recht günstig (ab $ 35 pro Tag, $ 155 pro Woche). Fast immer sind die gefahrenen Kilometer inklusive (unlimited mileage). Eine Vollkaskoversicherung (loss/ damage waiver) wird separat mit mindestens $ 18 pro Tag berechnet. Mindestmietalter: 21 Jahre. Neben den großen Mietwagenfirmen viele kleinere Anbieter. Bei ihnen empfiehlt es sich, den Wagen vorher auf Defekte zu untersuchen und sich diese bestätigen zu lassen. Es ist meist preisgünstiger, den Wagen

schon daheim zu reservieren und ihn am selben Ort wieder abzugeben, da sonst hohe Rückführgebühren fällig werden.

Weitere Angebote für Autovermietungen finden Sie unter *www. marcopolo.de*.

NOTRUF

Fast überall in den Südstaaten gilt die gebührenfreie Notrufnummer *911*. Nur auf dem Land gibt es andere, am Münztelefon vermerkte Notrufe für Polizei, Feuerwehr und Notarzt.

POST

Postämter haben montags bis freitags von 9 Uhr bis 17 Uhr geöffnet, größere auch samstags von 8.30 Uhr bis 12 Uhr. Das Porto für Luftpostbriefe nach Europa beträgt 60 ¢, für Postkarten 55 ¢.

PREISE & WÄHRUNG

Währung ist der amerikanische Dollar (= 100 Cents). Es gibt Banknoten *(bills)* zu 1, 2, 5, 10, 20, 50 und 100 Dollar sowie Münzen *(coins)* zu 1 ¢ *(penny)*, 5 ¢ *(nickel)*, 10 ¢ *(dime)*, 25 ¢ *(quarter)* und 50 ¢ *(half dollar)*. Vorsicht: Alle Dollarnoten sind gleich groß, von gleicher grünlichgrauer Farbe und unterscheiden sich nur im Aufdruck! In den meisten Staaten wird auf Einkäufe und Verzehr eine Steuer (4–7 Prozent) erhoben. Diese *sales tax* taucht erst auf der Rechnung auf!

STROM

Die Netzspannung beträgt 110 V, ein Adapter ist nötig.

Alle Telefonnummern in den USA sind 7-stellig, dazu kommt für Ferngespräche noch eine 3-stellige Vorwahl, der *area code*. Bei Ortsgesprächen wählen Sie nur die Nummer, bei Ferngesprächen innerhalb eines Vorwahlbereichs lediglich eine »1« vor der Nummer. Vorwahl nach Deutschland: 01149; nach Österreich: 01143; in die Schweiz: 01141, Vorwahl in die USA: 001.

Ortsgespräche kosten 25–35 ¢, bei Ferngesprächen gibt nach dem Wählen eine Computerstimme die Gebühr an. Im Hotel werden oft hohe Aufschläge berechnet! Billiger ist es mit einer Telefonkreditkarte, die europäische Karteninhaber kostenlos beantragen können. Wer mobil telefonieren möchte, sollte sich bei seinem Netzbetreiber erkundigen, mit welchen Anbietern Roamingabkommen bestehen. Ein Gespräch nach Europa kostet etwa 2 Euro/Min.

Eastern Time Zone (MEZ −6 Stunden) und *Central Time Zone* (MEZ −7 Stunden). Sommerzeit gilt vom ersten Aprilsonntag bis zum letzten Okobersonntag.

Gegenstände für den persönlichen Bedarf sind zollfrei. Pflanzen, Wurst, Obst und andere frische Lebensmittel dürfen nicht eingeführt werden. Erlaubt sind pro Erwachsenen 200 Zigaretten oder 50 Zigarren oder 2 kg Tabak sowie 1 l Spirituosen, außerdem Geschenke bis zu einem Wert von $ 100.

Nach Deutschland zollfrei eingeführt werden dürfen: 1 l Alkohol über 22 Prozent, 200 Zigaretten oder 100 Zigarillos oder 50 Zigarren oder 250 g Tabak, 50 g Parfüm oder 250 ml Eau de Toilette und andere Artikel im Gesamtwert von 175 Euro.

Wetter in Atlanta

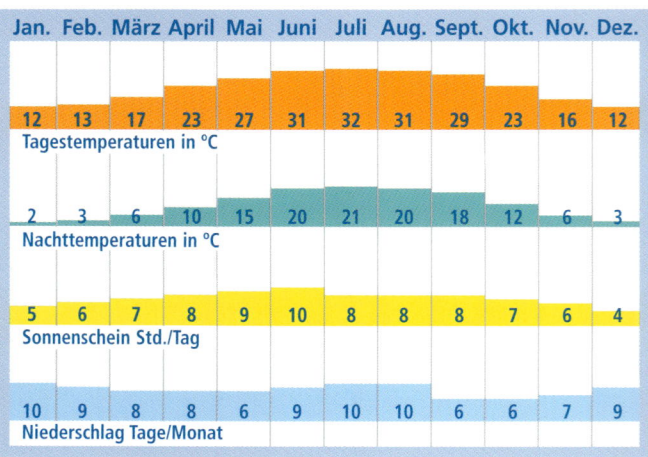

	Jan.	Feb.	März	April	Mai	Juni	Juli	Aug.	Sept.	Okt.	Nov.	Dez.
Tagestemperaturen in °C	12	13	17	23	27	31	32	31	29	23	16	12
Nachttemperaturen in °C	2	3	6	10	15	20	21	20	18	12	6	3
Sonnenschein Std./Tag	5	6	7	8	9	10	8	8	8	7	6	4
Niederschlag Tage/Monat	10	9	8	8	6	9	10	10	6	6	7	9

Do you speak American English?

»Sprichst du Englisch?«
Dieser Sprachführer hilft Ihnen, die wichtigsten
Wörter und Sätze auf Englisch zu sagen

Zur Erleichterung der Aussprache sind alle amerikanischen Begriffe und
Wendungen mit einer einfachen Aussprache (in eckigen Klammern) versehen. Folgende Zeichen sind Sonderzeichen:

ə	nur angedeutetes »e« wie in bitte
θ	[s] gesprochen mit der Zungenspitze zwischen den Zähnen
'	die nachfolgende Silbe wird betont

AUF EINEN BLICK

Ja./Nein.	Yes. [jäs]/Yeah. [jie]/No. [no]
Vielleicht.	Perhaps. [pö'häps]/Maybe. ['mäibih]
Bitte.	Please. [plihs]
Danke.	Thank you. ['θänkju]
Vielen Dank!	Thank you very much. ['θänkju 'wäri 'matsch]
Gern geschehen.	You're welcome. [jər 'wälkəm]
Entschuldigung!	Excuse-me! [iks'kjuhs 'mih]
Wie bitte?	Pardon? ['paərdn]
Ich verstehe Sie/dich nicht.	I don't understand. [ai dont andö'ständ]
Ich spreche nur wenig ...	I only speak a little ... [ai 'onli spihk ə litl]
Können Sie mir bitte helfen?	Can you help me, please? ['kən ju 'hälp mi plihs]
Ich möchte ...	I'd like ... [aid'laik]
Das gefällt mir (nicht).	I (don't) like this. [ai (dont) laik ‿θis]
Haben Sie ...?	Do you have ...? [du ju 'häw]
Wie viel kostet es?	How much is this? ['hau'matsch is θis]
Wie viel Uhr ist es?	What time is it? [wət 'taim is it]

KENNENLERNEN

Guten Morgen!	Good morning! [gud 'moərning]
Guten Tag!	Good afternoon! [gud äftö'nuhn]
Guten Abend!	Good evening! [gud 'ihwning]

113

Hallo! Grüß dich!	Hello! [hə'lo]/Hi! [hai]
Mein Name ist …	My name's … [mai näims …]
Wie ist Ihr/Dein Name?	What's your name? [wots joər 'näim]
Wie geht es Ihnen/dir?	How are you? [haur'ju]
Danke. Und Ihnen/dir?	Fine thanks. And you?
	['fain θänks, ənd 'ju]
Auf Wiedersehen!	Goodbye!/Bye-bye! [gud'bai/bai'bai]
Tschüss!	See you!/Bye! [sih ju/bai]
Bis bald!	See you later! [sih ju 'lätər]
Bis morgen!	See you tomorrow! [sih ju tə'məro]

UNTERWEGS

Auskunft

links/rechts	left [läft]/right [rait]
geradeaus	straight ahead [sträit 'əhäd]
nah/weit	near [niər]/far [faər]
Bitte, wo ist …?	Excuse me, where's …, please?
	[iks'kjuhs 'mih 'weərs … plihs]
der (Bus-) Bahnhof	the train/bus station [θə 'träen/bass 'stäischn]
die U-Bahn	the subway [θə 'sabwä]
der Flughafen	the airport [θə 'erpoht]
Wie weit ist das?	How far is it? ['hau 'far_is_it]
Ich möchte ein Auto mieten.	I'd like to rent a car
	[aid'laik tə 'ränt ə 'kaər]

Auto

Ich habe eine Panne.	My car's broken down.
	[mai 'kaərs 'brokn 'daun]
Gibt es hier in der Nähe eine Werkstatt?	Is there a service station nearby? ['is θeə_ə 'söəwis stäischn 'nirbai]
Wo ist die nächste Tankstelle?	Where's the nearest gas station? ['weəs θə 'niərist 'gäs stäischn]
Ich möchte … Liter/Gallonen [3,7l] …	… liters/gallons of … ['lihtərs/gäləns əw]
… Normalbenzin.	… regular, [regjulər]
… Super.	… premium, [primium]
… Diesel.	… diesel, ['dihsl]
… bleifrei/verbleit.	… unleaded/leaded, please. [an'lädid/'lädid plihs]
Voll tanken, bitte.	Full, please. ['full plihs]

Unfall

Hilfe!	Help! [hälp]
Achtung!	Attention! [ə 'tänschn]
Vorsicht!	Look out! ['luk 'aut]

Rufen Sie bitte ...
Please call ... ['plihs 'kahll]

   ... einen Krankenwagen.
   ... an ambulance. [ən 'ämbjuləns]

   ... die Polizei.
   ... the police. [θə pə'lihs]

Es war meine Schuld.
It was my fault. [it wəs 'mai 'fahllt]

Es war Ihre Schuld.
It was your fault. [it wəs 'johər 'fahllt]

Geben Sie mir bitte Ihren Namen und Ihre Anschrift.
Please give me your name and address.
[plihs giw mi joər 'näim ənd ə'dräs]

ESSEN/UNTERHALTUNG

Wo gibt es hier ein gutes Restaurant?
Is there a good restaurant here?
['is θeər ə 'gud 'rästərahnt 'hiər]

Reservieren Sie uns bitte für heute Abend einen Tisch für vier Personen.
Would you reserve us a table for four for this evening, please? ['wud ju ri'söhw əs ə 'täibl fə 'fohr fə θis 'ihwning plihs]

Auf Ihr Wohl!
Cheers! [tschiərs]

Bezahlen, bitte.
Could I have the check, please?
['kud ai häw θə tschek plihs]

EINKAUFEN

Wo finde ich ...?
Where can I find ...?
['weər 'kən_ai 'faind ...]

   eine Apotheke
   a pharmacy [ə farməssi]

   eine Bäckerei
   a bakery [ə bəikəri]

   ein Kaufhaus
   a department store
   [ə di'partmənt stoər]

   ein Lebensmittelgeschäft
   a supermarket/grocery store
   [ə 'supər 'mahrkət/grosri stoər]

ÜBERNACHTUNG

Können Sie mir bitte ... empfehlen?
Could you recommend ..., please?
[kud ju ‚räkə'mänd ... plihs]

   ... ein Hotel/Motel
   ... a hotel/motel [ə ho'täl/mou'təl]

   ... eine Pension
   ... a B&B (bed & breakfast)
   [ə bin bi (bed_n 'bräkfəst)]

Ich habe bei Ihnen ein Zimmer reserviert.
I've reserved a room.
[aiw ri'söhwd_ə 'ruhm]

Haben Sie noch ...?
Do you have ...? [du ju häw]

   ... ein Einzelzimmer
   ... a room for one [ə ruhm fə wan]

   ... ein Doppelzimmer
   ... a room for two [ə ruhm fə tu]

   ... mit Dusche/Bad
   ... with a shower/bath
   [wiθ ə 'schauər/'bähθ]

Was kostet das Zimmer mit ...
How much is the room with ...
['hau 'matsch is θə ruhm wiθ]

   ... Frühstück?
   ... breakfast? ['bräkfəst]

Arzt

Können Sie mir einen guten Arzt empfehlen?	Can you recommend a good doctor? [kən ju räkə'mänd ə gud 'daktər]
Ich brauche einen Zahnarzt.	I need a dentist. [ai nied ß 'dentist]
Ich habe hier Schmerzen.	I feel some pain here. [ai fihl sßm päin 'hißr]
Ich habe Fieber	I've got a temperature. [aiw got ə 'tämpritschə]
Rezept	prescription [prß'skripschn]
Spritze	injection/shot [in'dschekschn/schat]

Bank

Wo ist hier bitte eine Bank?	Where's the nearest bank? [wears Өə 'niərist bänk]
Bankautomat	teller machine [telər maschin]
Ich möchte ... Euro (Schweizer Franken) in Dollars wechseln.	I'd like to change ... Euro (Swiss Francs) into dollars. [aid laik tə tschäinsch ... juro ('swis 'fränks) 'intə 'dahllərs]

Post

Was kostet ...	How much is ... ['hau 'matsch is]
... ein Brief ...	... a letter ... [ə 'lädər]
... eine Postkarte ...	... a postcard ... [ə postkahrd]
... nach Europa?	... to Europe? [tə 'juroup]

ZAHLEN

0	zero [siəro]	15	fifteen ['fif'tihn]	70	seventy ['säwnti]
1	one [wan]	16	sixteen ['siks'tihn]	80	eighty ['äiti]
2	two [tuh]	17	seventeen ['säwn'tihn]	90	ninety ['nainti]
3	three [Өrih]	18	eighteen ['äi'tihn]	100	a (one) hundred ['ə (wan) 'handrəd]
4	four [fohr]	19	nineteen ['nain'tihn]	1000	a (one) thousand ['ə (wan) 'Өausənd]
5	five [faiw]	20	twenty ['twänti]	10000	ten thousand ['tän 'Өausənd]
6	six [siks]	21	twenty-one ['twänti'wan]	1/2	a half [ə 'hähf]
7	seven ['säwn]	30	thirty ['Өöhti]	1/4	a (one) quarter ['ə (wan) 'kwohrtər]
8	eight [äit]	40	forty ['fohrti]		
9	nine [nain]	50	fifty ['fifti]		
10	ten [tän]	60	sixty ['siksti]		
11	eleven [i'läwn]				
12	twelve [twälw]				
13	thirteen [Өöh'tihn]				
14	fourteen ['foh'tihn]				

Reiseatlas
USA-Südstaaten

**Die Seiteneinteilung für den Reiseatlas finden Sie
auf dem hinteren Umschlag dieses Reiseführers**

Mit freundlicher Unterstützung von

total relaxed in den urlaub: einsteiger-übung

1. lehnen sie sich entspannt zurück und gleiten sie in gedanken zu den cleveren angeboten von holiday autos. stellen sie sich vor, als weltgrösster vermittler von ferienmietwagen bietet ihnen holiday autos

   - mietwagen in über 80 urlaubsländern
   - zu äusserst attraktiven preisen

2. vergessen sie jetzt die üblichen zuschläge und überraschungen. dank

   - alles inklusive tarife
   - wegfall der selbstbeteiligung
   - und min. 1,5 mio € haftpflichtdeckungssumme (usa: 1,1 mio €)

   steht ihr endpreis bei holiday autos von anfang an fest.

3. nehmen sie ganz ruhig den hörer, wählen sie die telefonnummer **0180 5 17 91 91** (12cent/min), surfen sie zu **www.holidayautos.com** oder fragen sie in ihrem reisebüro nach den topangeboten von holiday autos!

kein urlaub ohne

holiday autos

Deutsch		Français / Español
Autobahn, mehrspurige Straße - in Bau Highway, multilane divided road - under construction	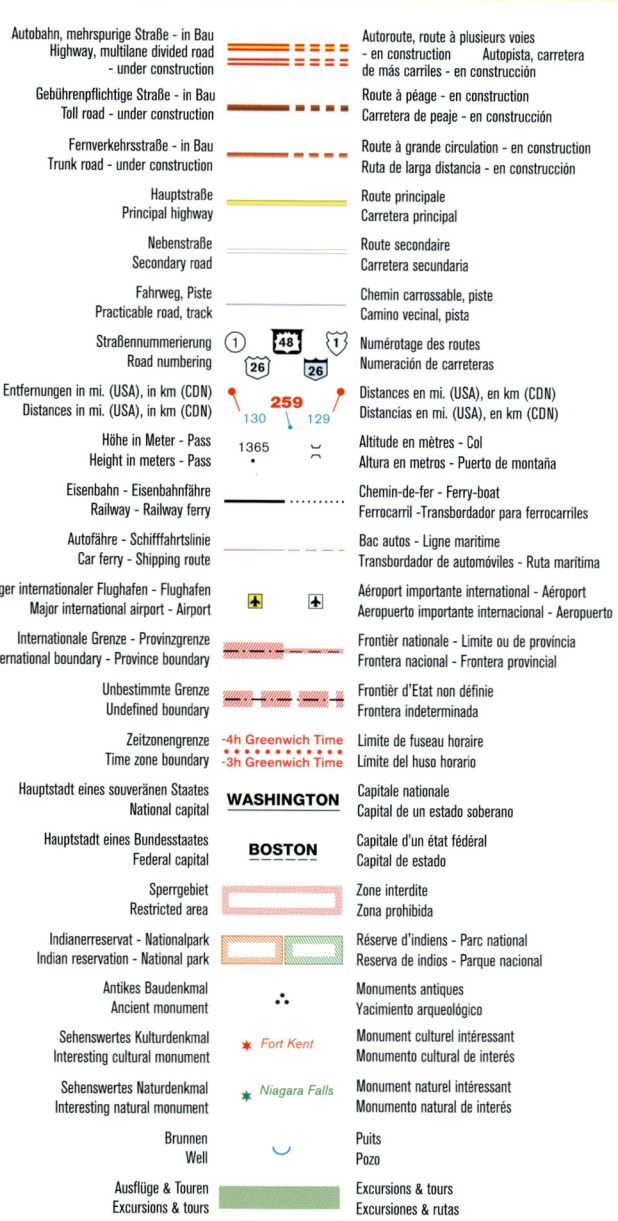	Autoroute, route à plusieurs voies - en construction Autopista, carretera de más carriles - en construcción
Gebührenpflichtige Straße - in Bau Toll road - under construction		Route à péage - en construction Carretera de peaje - en construcción
Fernverkehrsstraße - in Bau Trunk road - under construction		Route à grande circulation - en construction Ruta de larga distancia - en construcción
Hauptstraße Principal highway		Route principale Carretera principal
Nebenstraße Secondary road		Route secondaire Carretera secundaria
Fahrweg, Piste Practicable road, track		Chemin carrossable, piste Camino vecinal, pista
Straßennummerierung Road numbering	① 48 ① ㉖ 26	Numérotage des routes Numeración de carreteras
Entfernungen in mi. (USA), in km (CDN) Distances in mi. (USA), in km (CDN)	259 130 129	Distances en mi. (USA), en km (CDN) Distancias en mi. (USA), en km (CDN)
Höhe in Meter - Pass Height in meters - Pass	1365	Altitude en mètres - Col Altura en metros - Puerto de montaña
Eisenbahn - Eisenbahnfähre Railway - Railway ferry		Chemin-de-fer - Ferry-boat Ferrocarril -Transbordador para ferrocarriles
Autofähre - Schifffahrtslinie Car ferry - Shipping route		Bac autos - Ligne maritime Transbordador de automóviles - Ruta marítima
Wichtiger internationaler Flughafen - Flughafen Major international airport - Airport	✈ ✈	Aéroport importante international - Aéroport Aeropuerto importante internacional - Aeropuerto
Internationale Grenze - Provinzgrenze International boundary - Province boundary		Frontièr nationale - Limite ou de província Frontera nacional - Frontera provincial
Unbestimmte Grenze Undefined boundary		Frontièr d'Etat non définie Frontera indeterminada
Zeitzonengrenze Time zone boundary	-4h Greenwich Time -3h Greenwich Time	Limite de fuseau horaire Límite del huso horario
Hauptstadt eines souveränen Staates National capital	**WASHINGTON**	Capitale nationale Capital de un estado soberano
Hauptstadt eines Bundesstaates Federal capital	**BOSTON**	Capitale d'un état fédéral Capital de estado
Sperrgebiet Restricted area		Zone interdite Zona prohibida
Indianerreservat - Nationalpark Indian reservation - National park		Réserve d'indiens - Parc national Reserva de indios - Parque nacional
Antikes Baudenkmal Ancient monument	∴	Monuments antiques Yacimiento arqueológico
Sehenswertes Kulturdenkmal Interesting cultural monument	✳ *Fort Kent*	Monument culturel intéressant Monumento cultural de interés
Sehenswertes Naturdenkmal Interesting natural monument	✳ *Niagara Falls*	Monument naturel intéressant Monumento natural de interés
Brunnen Well	∪	Puits Pozo
Ausflüge & Touren Excursions & tours		Excursions & tours Excursiones & rutas

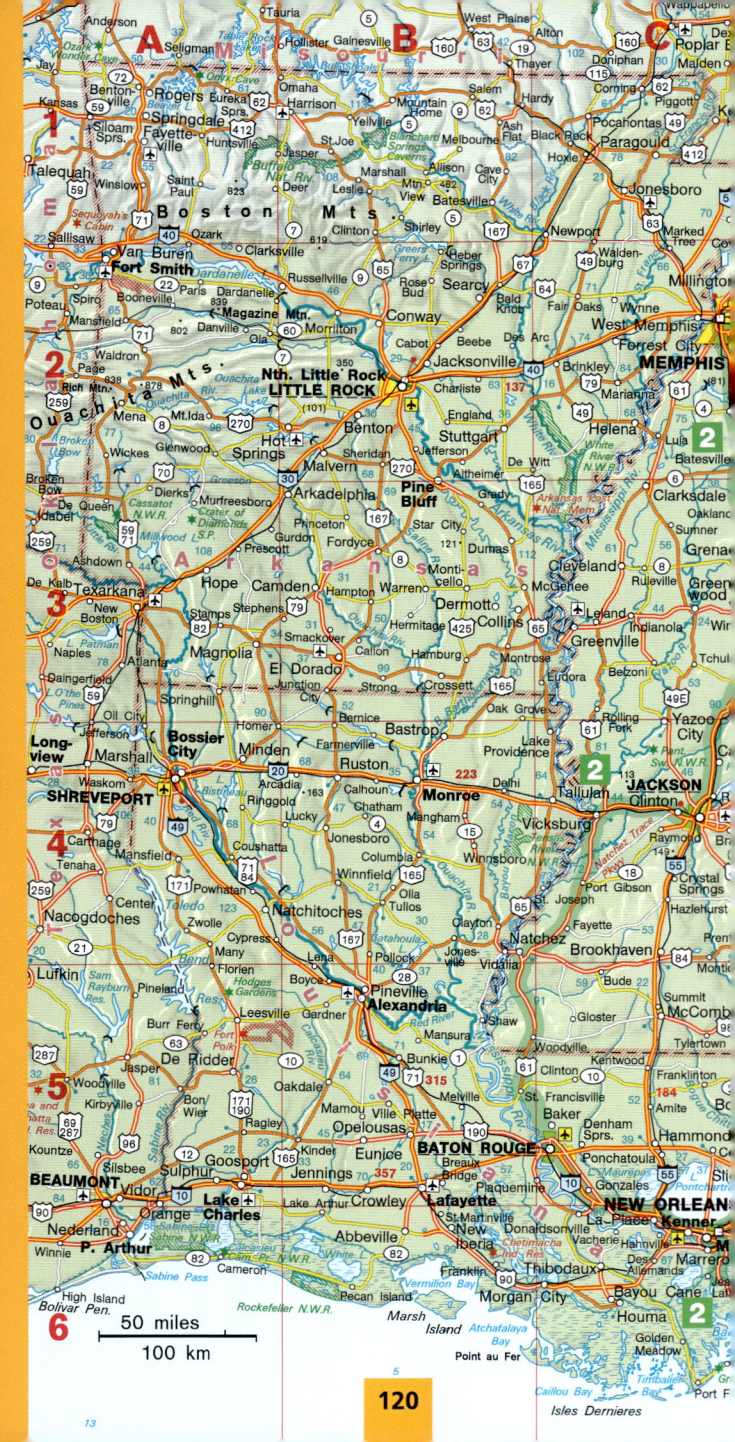

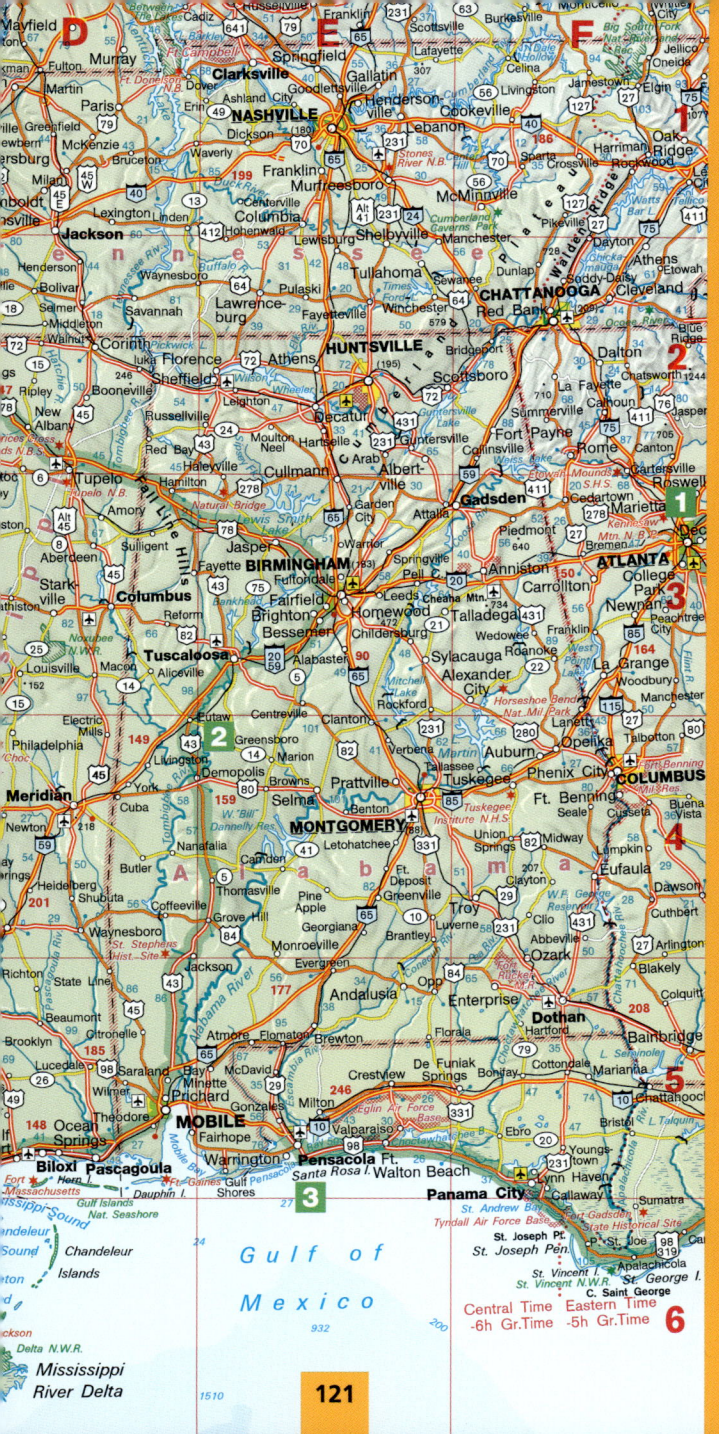

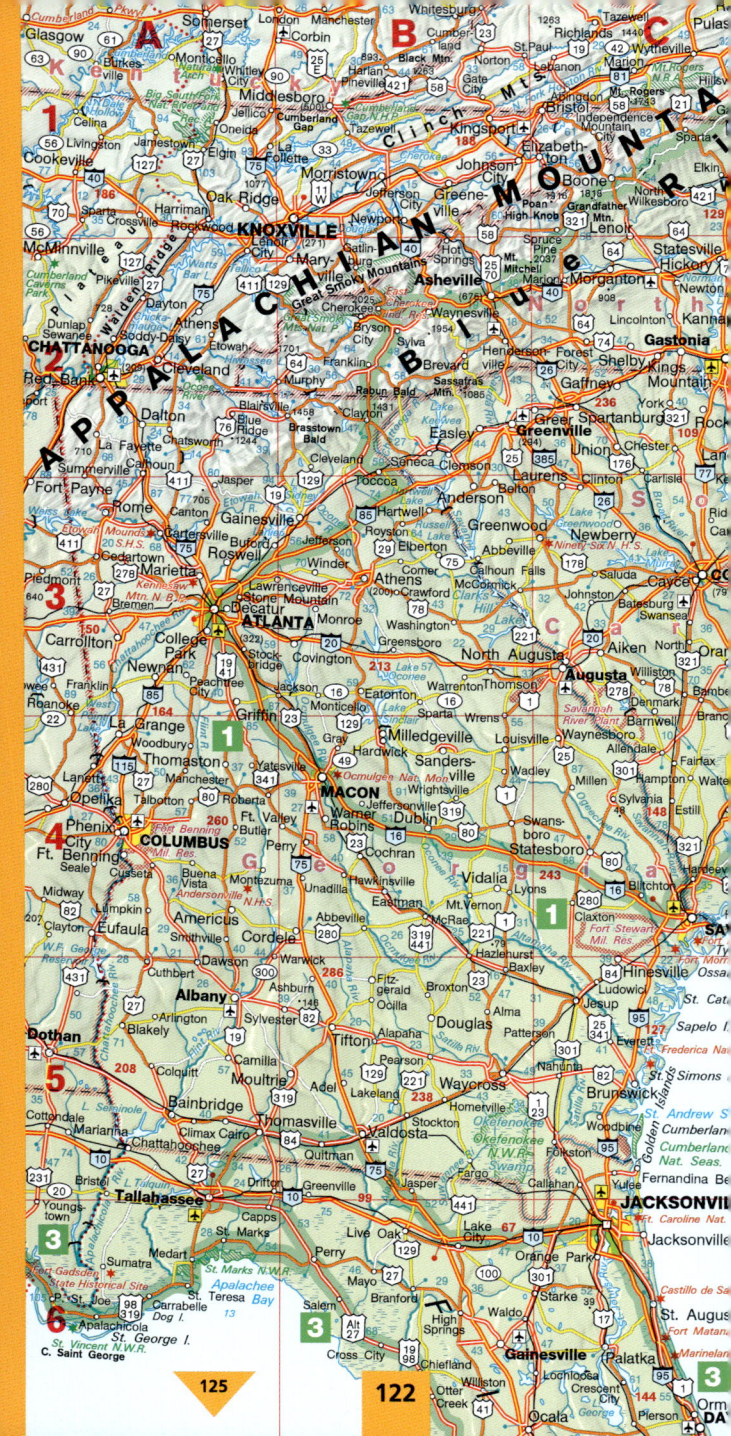

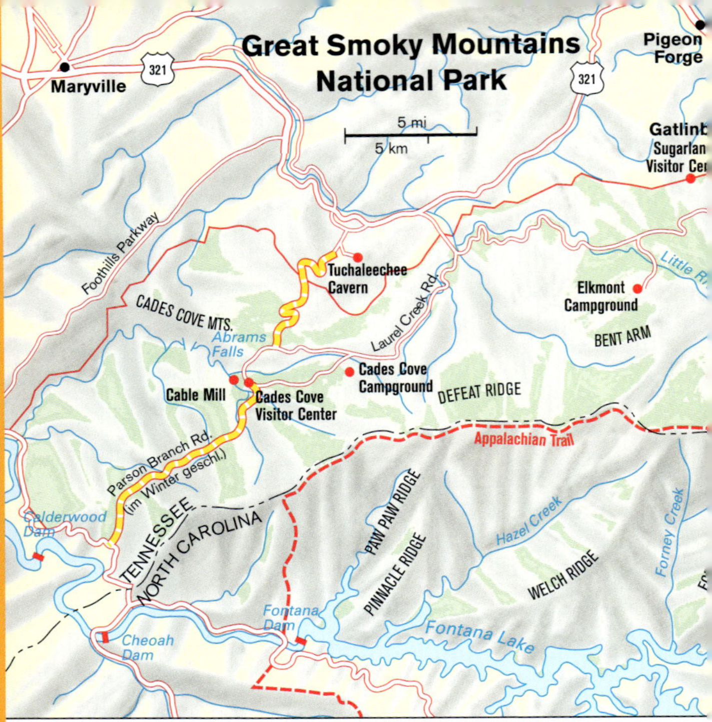

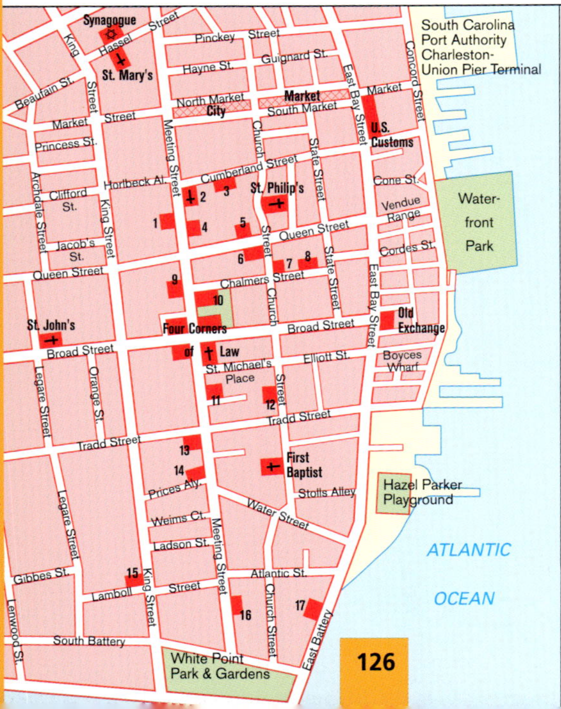

Great Smoky Mountains National Park

Pigeon Forge

Maryville

US 321

5 mi

5 km

Gatlin[...]
Sugarlan[...]
Visitor Cer[...]

Tuchaleechee
Cavern

Elkmont
Campground

Little R[...]

CADES COVE MTS.

Laurel Creek Rd.

BENT ARM

Abrams
Falls

Cable Mill

Cades Cove
Visitor Center

Cades Cove
Campground

DEFEAT RIDGE

Parson Branch Rd.
(im Winter geschl.)

Appalachian Trail

Calderwood
Dam

TENNESSEE

NORTH CAROLINA

PAW PAW RIDGE

PINNACLE RIDGE

Hazel Creek

WELCH RIDGE

Forney Creek

F[...]

Fontana
Dam

Cheoah
Dam

Fontana Lake

Foothills Parkway

Synagogue

King Street

Hasell Street

Pinckey Street

Guignard St.

Concord Street

South Carolina
Port Authority
Charleston-
Union Pier Terminal

St. Mary's

Hayne St.

Beaufain St.

North Market
City

Market
City

Market Street

Market
South Market

East Bay Street

U.S.
Customs

Market Street

Princess St.

State Street

Cone St.

Waterfront
Park

Clifford
St.

Horlbeck Al.

Cumberland Street

St. Philip's

Vendue
Range

Meeting Street

King Street

1 2

3

4   5

Queen Street

Jacob's
St.

6

7   8

Cordes St.

Queen Street

9

Chalmers Street

East Bay Street

10

Broad Street

Old
Exchange

St. John's

Four Corners
of Law

Boyces
Wharf

Broad Street

St. Michael's
Place

Elliott St.

Legare Street

Orange St.

11

12

Tradd Street

Tradd Street

13

Logan Street

14

Prices Al.

Water Street

First
Baptist

Stolls Alley

Weims Ct.

Hazel Parker
Playground

Ladson St.

Meeting Street

Gibbes St.

15

King Street

Atlantic St.

Church Street

17

ATLANTIC

Lamboll Street

16

East Battery

OCEAN

Tradd Street

Lenwood St.

South Battery

White Point
Park & Gardens

126

0,2 mi

200 m

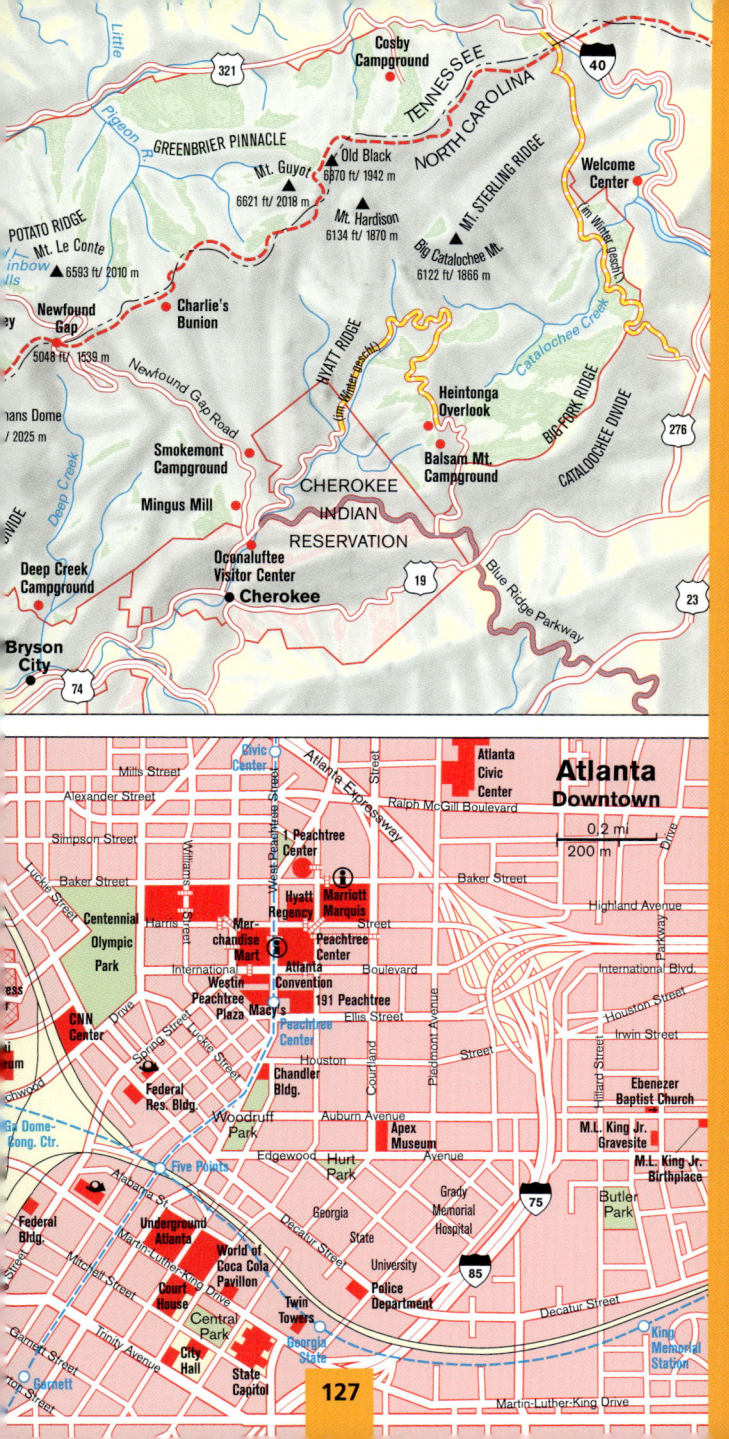

total relaxed in den urlaub: übung für fortgeschrittene

1. schliessen sie die augen und denken sie intensiv an das wunderbare wort „ferienmietwagen zum alles inklusive preise". stellen sie sich viele extras vor, die bei holiday autos alle im preis inbegriffen sind:

- unbegrenzte kilometer
- haftpflichtversicherung mit min. 1,5 mio €uro deckungssumme (usa: 1,1 mio €uro)
- vollkaskoversicherung ohne selbstbeteiligung
- kfz-diebstahlversicherung ohne selbstbeteiligung
- alle lokalen steuern
- flughafenbereitstellung
- flughafengebühren

2. atmen sie tief ein und lassen sie vor ihrem inneren auge die zahlreichen auszeichnungen vorbeiziehen, die holiday autos in den letzten jahren erhalten hat.

sie buchen ja nicht irgendwo.

3. nehmen sie ganz ruhig den hörer, wählen sie die telefonnummer **0180 5 17 91 91** (12cent/min), surfen sie zu **www.holidayautos.com** oder fragen sie in ihrem reisebüro nach den topangeboten von holiday autos!

kein urlaub ohne
holiday autos

MARCO ⊕ POLO

Für Ihre nächste Reise gibt es folgende Titel:

Hier finden Sie alle im Reiseführer erwähnten Orte und Ausflugsziele, wichtige Sachbegriffe und Personen. Halbfette Seitenzahlen verweisen auf den Haupteintrag, kursive auf ein Foto.

Schreiben Sie uns!

Liebe Leserin, lieber Leser,

wir setzen alles daran, Ihnen möglichst aktuelle Informationen mit auf die Reise zu geben. Dennoch schleichen sich manchmal Fehler ein – trotz gründlicher Recherche unserer Autoren/innen. Sie haben sicherlich Verständnis, dass der Verlag dafür keine Haftung übernehmen kann. Wir freuen uns aber, wenn Sie uns schreiben.

Senden Sie Ihre Post an die MARCO POLO Redaktion, MairDumont, Postfach 31 51, 73751 Ostfildern, marcopolo@mairs.de

Impressum

Titelbild: Saxofonspieler (Mauritius)
Fotos: M. Braunger (U. l., 1, 5 l., 6, 7, 9, 17, 18, 20, 22, 24, 26, 27, 28, 31, 33, 41, 44, 55, 59, 62, 68, 69, 70, 75, 77, 78, 82, 84, 87, 89, 90, 98, 106); HB-Verlag: Frischmuth (U. M., 43, 101, 102), Kiedrowski (38, 46, 48, 92, 94); Raupach/Frischmuth (11, 25, 36, 105); Layda (U. r., 2 o.); Mauritius (117); Mauritius: Vidler (76); Schuster: Tauqueur (2 u.); T. Stankiewicz (5 r., 40, 42, 51, 97); K. Teuschl (4, 53); Transglobe: Granitsas (15); E. Wrba (12)

6., aktualisierte Auflage 2005 © MairDumont GmbH & Co. KG, Ostfildern
Herausgeber: Ferdinand Ranft, Chefredakteurin: Marion Zorn
Redaktion: Manfred Pötzscher, Bildredaktion: Gabriele Forst (Leitung), Carmen Kubitz
Kartografie Reiseatlas: © MairDumont/RV Verlag, Ostfildern
Gestaltung: red.sign, Stuttgart
Sprachführer: in Zusammenarbeit mit Ernst Klett Sprachen GmbH, Stuttgart, Redaktion PONS Wörterbücher
Printed in Germany. Gedruckt auf 100% chlorfrei gebleichtem Papier

Bloß nicht!

Auch in den Südstaaten gibt es Touristenfallen oder Dinge, die Sie beachten sollten

Einladungen wörtlich nehmen

»Kommt doch mal bei uns vorbei!« – schnell sind die gastfreundschaftlichen Südstaatler mit solchen Einladungen zur Hand. Oft ist es nur dahingesagt, und der »Gastgeber« wird gehörig staunen, wenn Sie überraschend bei ihm auftauchen.

Hände schütteln

Hi, how are you? Nice to meet you. Das sagt Ihnen einer zur Begrüßung. Sie freuen sich, strecken die Hand aus – und greifen ins Leere. Politiker schütteln sich die Hand, Vertragspartner und alte Freunde. Leute, die einander flüchtig kennen lernen, nicht. Es reicht völlig, seinen (Vor-)Namen zu nennen und *I'm doing fine* oder *My pleasure* zu murmeln.

Rauchen

Die Gesundheitskampagne hat auf der ganzen Linie gesiegt. Rauchen ist auf allen Inlandflügen und in öffentlichen Gebäuden verboten. Viele Restaurants und sogar Bars haben Raucherzonen – im schlechteren, hinteren Teil der Gaststätte. Hotels verfügen über immer weniger Raucherzimmer. Manchen ist der Zigarettengeruch inzwischen so widerwärtig, dass sie Raucher sogar auf offener Straße anblaffen. Für Zigaretten darf vielerorts nicht geworben werden. Rauchen Sie bloß nicht dort, wo es verboten ist und wo die Leute es – im Restaurant z. B. – nicht wünschen.

Amerikanische Politik kritisieren

Kritik von europäischen Besuchern wird oft schlecht aufgenommen. Heiße Eisen sind besonders die Rassenfrage, Waffenbesitz, die Todesstrafe, Abtreibung.

Bei Überfällen Heldenmut zeigen

Geld oder Leben! Das ist oft wirklich die Entscheidung bei den leider nicht seltenen Überfällen. Sollte es passieren: Leisten Sie auf gar keinen Fall Widerstand! Diejenigen, die Sie bedrohen, sind oft gewaltbereite Kriminelle. Geben Sie deshalb schnell Ihr Bargeld heraus, das erspart oft Schlimmeres. Und als Vorsichts-maßnahme: Nehmen Sie wenig Bargeld mit, zeigen Sie das, was Sie bei sich tragen, nicht demonstrativ. Und so verlockend Parks erscheinen mögen, nach Einbruch der Dunkelheit sind sie keineswegs mehr einladend. Wie in allen amerikanischen Groß-städten gibt es auch in Atlanta, Miami und New Orleans Straßen und Viertel, die nicht zu betreten schon der gesunde Menschen-verstand gebietet.